CONTEMPORARY GERMAN WRITERS

HERMANN PETER PIWITT

Series Editor

Rhys W. Williams has been Professor of German and Head of the German Department at University of Wales Swansea since 1984. He has published extensively on the literature of German Expressionism and on the post-war novel. He is Director of the Centre for Contemporary German Literature at University of Wales Swansea.

CONTEMPORARY GERMAN WRITERS

Series Editor: Rhys W. Williams

HERMANN PETER PIWITT

edited by

David Basker

CARDIFF
UNIVERSITY OF WALES PRESS
2000

© The Contributors, 2000

British Library Cataloguing-in-Publication Data
A catalogue record for this book is available from the British Library.

ISBN   0-7083-1665-4 paperback
          0-7083-1666-2 hardback

All rights reserved. No part of this book may be reproduced, stored in a retrieval system, or transmitted, in any form or by any means, electronic, mechanical, photocopying, recording or otherwise, without clearance from the University of Wales Press, 6 Gwennyth Street, Cardiff, CF24 4YD.
www.wales.ac.uk/press

Cover design by Olwen Fowler.
Printed in Great Britain by Dinefwr Press, Llandybïe.

Contents

                                                                page

List of contributors	vii
Preface	viii
Abbreviations	x
1 Gott und der Dichter: Schöpfer, Versager, und wie ich mich dabei fühle *Hermann Peter Piwitt*	1
2 Hermann Peter Piwitt: Outline Biography *David Basker*	7
3 »Jeder Satz soll schön sein«: Gespräch mit Hermann Peter Piwitt *Rhys W. Williams*	10
4 Sorgende Neugier und »Da ist nichts mehr, daß sich irgendwie nennen könnte« *Stephan Reinhardt*	24
5 Looking back: Piwitt, *Rothschilds* and the German Student Movement *Ingo Cornils*	47
6 'Heimat als Aggregatzustand der Seele macht schwer und traurig': Hermann Peter Piwitt's *Deutschland. Versuch einer Heimkehr* *Rhys W. Williams*	65
7 'Die ungeheuerlichsten Dinge': Hermann Peter Piwitt's *Ein unversöhnlich sanftes Ende* *David Basker*	80

8 Bibliography
      Katharina Hall   95

Index   115

List of Contributors

David Basker is Lecturer in German at University of Wales Swansea. His study *Chaos, Control and Consistency: The Narrative Vision of Wolfgang Koeppen* appeared in 1993. He has published on all aspects of Koeppen's literary career and has edited the *Sarah Kirsch* and *Uwe Timm* volumes in the Contemporary German Writers series.

Ingo Cornils is Senior Lecturer in German at the University of Leeds. His research focuses on the relationship between political, utopian and fantastic thought, with a particular interest in Romanticism, the German Student Movement, and German science fiction. He is currently writing a book on the literary representation of the German Student Movement.

Katharina Hall is Lecturer in German at University of Wales Swansea. Her doctoral dissertation *Memory and Representation of the Past in the Early Works of Günter Grass* is due to appear in 2001. Her research interests include memory, writing on the Holocaust, and contemporary German literature in general.

Stephan Reinhardt (Heidelberg) is a broadcaster, editor and literary critic. He reviews extensively for the press and radio; among his recent publications is his acclaimed biography of Alfred Andersch.

Rhys W. Williams is Professor of German at the University of Wales Swansea and Director of the Centre for Contemporary German Literature. He has published extensively on German Expressionism (Sternheim, Benn, Carl Einstein and Toller) and on contemporary literature (Andersch, Böll, Schneider, Timm, Treichel, Martin Walser).

Preface

Contemporary German Writers

Each volume of the Contemporary German Writers series is devoted to an author who has spent a period as Visiting Writer at the Centre for Contemporary German Literature in the Department of German at the University of Wales Swansea. The first chapter in each volume contains an original, previously unpublished piece by the writer concerned; the second consists of a biographical sketch, outlining the main events of the author's life and setting the works in context, particularly for the non-specialist or general reader. A third chapter will, in each case, contain an interview with the author, normally conducted during the writer's stay in Swansea. Subsequent chapters will contain contributions by invited British and German academics and critics on aspects of the writer's *œuvre*. While each volume will seek to provide both an overview of the author and some detailed analysis of individual works, the nature of that critical engagement will inevitably depend on the relative importance of the author concerned and on the amount of critical material which his or her work has previously inspired. Each volume includes an extensive bibliography designed to fill any gaps or remedy deficiencies in existing bibliographies. The intention is to produce in each case a book which will serve both as an introduction to the writer concerned and as a resource for specialists in contemporary German literature.

Hermann Peter Piwitt

The current volume begins with the text of a lecture given by Hermann Peter Piwitt during his period as writer-in-residence in the Centre for Contemporary German Literature in Swansea in September 1999. The essay assesses the role of literature and the writer in the global economic system of the end of the millennium. There follows a biographical sketch and an interview with Piwitt addressing both literary and political issues. The interview is followed by an extensive survey of the whole of Piwitt's career by the noted literary critic Stephan Reinhardt, who identifies lines of political and aesthetic development through successive works. Ingo Cornils then focuses, in his chapter, on Piwitt's second major prose work, *Rothschilds,* and its place in the literary-political debate surrounding the German Student Movement and its interpretation in literary works. An analysis of Uwe Timm's *Heißer Sommer* and of the debate between Piwitt and Timm over realism and the political role of literature provide a fascinating context for this investigation of *Rothschilds.* In Chapter Six, Rhys W. Williams examines Piwitt's theoretical views on the relationship between literature and politics, as formulated in the essays of *Boccherini und andere Bürgerpflichten* and *Die Umseglung von Kap Hoorn.* This theoretical framework is then applied to *Deutschland. Versuch einer Heimkehr,* which emerges as a work with a more consistent literary approach than most critics have hitherto acknowledged. In this way, Williams sheds light on the complex notion of 'Heimat' that the novel advances. David Basker then focuses on Piwitt's most recent novel, *Ein unversöhnlich sanftes Ende* (1998). The text is examined in the light of Piwitt's sense of disillusionment over the course of German unification, the global spread of capitalism and the damage to the environment that goes along with it. As in previous volumes, the final chapter comprises a detailed bibliography.

Editor's Note

The German contributions to this volume have been edited according to the rules of the 1996 German spelling reform. Quotations and references preserve the spellings of the original source.

Abbreviations

Throughout the current volume, the quotations from primary texts by Hermann Peter Piwitt, unless otherwise indicated, will be followed by one of the abbreviations listed below and the relevant page number(s) in parentheses. The editions referred to are those most widely available.

HL   *Herdenreiche Landschaften. Zehn Prosastücke* (Reinbek, Rowohlt, 1965)

BBW   *Das Bein des Bergmanns Wu. Praktische Literatur und literarische Praxis* (Frankfurt am Main, März, 1971)

R   *Rothschilds* (Reinbek, Rowohlt, 1998)

BaB   *Boccherini und andere Bürgerpflichten* (Reinbek, Rowohlt, 1976)

GM   *Die Gärten im März* (Reinbek, Rowohlt, 1982 [rororo 4957])

D   *Deutschland. Versuch einer Heimkehr* (Frankfurt am Main, Fischer, 1983 [Fischer Taschenbuch 5421])

KH   *Die Umseglung von Kap Hoorn durch das Vollschiff Susanne 1909 in 52 Tagen. Einmischungen aus 10 Jahren* (Hamburg, Konkret Literatur, 1985)

HL   *Herdenreiche Landschaften: Aufspürung meiner Sorgen* (Bielefeld, Pendragon, 1986)

G   *Der Granatapfel* (Hamburg, Hoffmann & Campe, 1986)

P   *Die Passionsfrucht* (Reinbek, Rowohlt, 1993)

usE   *Ein unversöhnlich sanftes Ende* (Reinbek, Rowohlt, 1998)

1

Gott und der Dichter: Schöpfer, Versager, und wie ich mich dabei fühle

HERMANN PETER PIWITT

I

Geist, heißt es, stehe in einem grundsätzlichen Widerspruch zur Macht. Meiner Erfahrung nach ist er ihr stiller oder krakehlender Kostgänger weit öfter als ihr Widersacher. Und das Sein bestimmt das Bewusstsein auch und gerade *der* Künstler und Intellektuellen, die den Satz einmal gern im Munde führten. Deutsche Dichter vergaßen nach der Revolution von 1848 ihre demokratischen Ideale und träumten nationalistisch das Reich über alle Grenzen hinweg. Sie begeisterten sich für den 1. Weltkrieg. Und einige sogar für Hitler. Sie priesen Stalin in Gedichten. Und wollten Bomben; nicht auf die Türkei wegen ihres Krieges gegen die Kurden, sondern auf Serbien. Der bekennende Geist ist eine windige Materie. Und der von Haus aus immer schon politisierte Markt hat aus Schriftstellern mindestens soviele krumme Hunde gemacht wie der belohnende oder strafende Staat. Die Ideale verändern sich mit den ökonomischen Interessen, sagte man früher. Und noch früher, schlichter: Kunst geht nach Brot.

Aber ist nicht wenigstens Mitleid, oder sagen wir: einfühlende Teilhabe, sorgende Neugier unverzichtbar für einen Dichter, wenn er überhaupt Plausibles leisten will? Auch das ist nicht mehr sicher. »I shop, so I am« ist derzeit eine neue Devise. Das sogenannte »Soziale« ist nach wie vor ein Ekelwort. Die einen globalisieren, die anderen werden globalisiert. Nur ein kleiner Teil des weltweit vorhandenen, bzw. kursierenden Geldes fließt noch in reale Güter, bzw. in die Produktion; der große Rest ist Spielgeld zur Spekulation auf die Schwankungen von Wechselkursen, Zinssätzen, Aktienindizes und Preisnotierungen. Sein einziger Zweck ist die Selbstvermehrung. Nach einem Bericht des Entwicklungsprogramms der UNO geht es in 85 Ländern den Menschen schlechter als noch vor 10 Jahren. Und jetzt hat auch endlich wieder Westeuropa seinen Hinterhof, im Osten. Und zum erstenmal in der Geschichte werden bei uns junge Männer nicht mehr geopfert, um wirtschaftliche Macht zu sichern und zu vergrößern; der sogenannte »freie« Weltmarkt regelt von allein, was früher Kanonenboote erledigten, wenn sie Zollschranken und Handelsbeschränkungen durchbrachen. Nicht mehr Truppen sondern global players erobern in Übersee die Märkte. Und nach der Devise everybody is »an original« vollzieht der Einzelne den herrschenden Wirtschaftsimperialismus als – so die Zeitschrift *Junge Welt* – Ego-Imperialismus, als hinfälliges Verzücktsein vom letzten noch zumutbaren Objekt der Nächstenliebe: dem eigenen Körper. Sein Selbst los zu sein, selbstlos zu sein, wurde jahrhundertelang als Tugend gepredigt – und missbraucht. Wohin hat stattdessen der Weg zur Selbstfindung geführt? Zum Tattoo, dem Lebenszeichen von Seeleuten und Eingesperrten. Inzwischen hat es die Provinz und die Großmütter erreicht.

Den neuen Menschen, der Anfang der achtziger Jahre sich breitzumachen begann, habe ich 1986 in dem Roman *Der Granatapfel* geschildert. Gabriele d'Annunzio, der dem Faschismus den Weg ebnete, ist der mitleidlose Prototyp der Selbstvergötterung. Brecht schätzte seine Hirtengedichte. Mit Recht. Trotzdem will ich nicht glauben, dass es beim Dichten ohne Mitleid zugehen kann. Aber die Angelegenheit ist komplizierter. Gottfried Benn hat einmal gesagt: »Das Gegenteil von gut ist nicht schlecht sondern gutgemeint«. Und Louis Ferdinand Céline tobte sich zwischen 1937 und 1941 in antisemitischen Pamphleten aus. Trotzdem nannte ihn Jack Kerouac wegen seiner großen Romane den »mitleidvollsten Dichter seiner Zeit«. Mich interessiert an Büchern Stil als Form, die dem zugemuteten Leben passioniert abgearbeitet ist, Stil als Leidensrhythmus provozierten Lebens.

II

Vor einiger Zeit las ich von dem jungen Iren Frank Ronan *Dixi Chicken*. Es ist aus zweierlei Gründen ein bemerkenswertes Buch. Zum einen schlüpft Ronan in die Rolle Gottes als Ich-Erzähler. Und die Idee ist wahrscheinlich nicht neu, aber gut. Denn jetzt kann der Autor »Ich« sagen und trotzdem allwissender Erzähler sein, alles überblicken. Die enge Perspektive des Ich ist ihm nicht auferlegt. Zum andern kann er Gott gewisse moderne Charakterzüge geben: die Müdigkeit, die Ohnmacht, die Hoffnungslosigkeit. Ich las das Buch und dachte: das bist ja du. Genauso denkst und fühlst du.

Und wenn der junge Frank Ronan dieser Gott sein kann, warum nicht vielmehr *du*? Wo du alt bist und vielmehr Grund hast zur Enttäuschung?

In Moses 6 bis 7 heißt es: »Da aber der Herr sah, daß der Menschen Bosheit groß war auf Erden und alles Dichten und Trachten ihres Herzens nur böse war immerdar, da reute es ihn, daß er die Menschen gemacht hatte und es bekümmerte ihn in seinem Herzen. Und er sprach: ich will die Menschen, die ich gemacht habe, vertilgen von der Erde [...]. Aber Noah fand Gnade vor dem Herrn«.

Als im Frühjahr dieses Jahres amerikanische Marschflugkörper Serbien aufpflügten, dachte ich: wenigstens eine Rakete, eine ganz kleine von mir aus, in die entgegengesetzte Richtung; nur damit sie da, in den USA, in ihrer Selbstgerechtigkeit und Heuchelei nach fast 150 Jahren und sovielen ungerechten Kriegen unter sowenigen gerechten, wieder einmal spürten, was Krieg heißt im eigenen Land. Und vielleicht noch eine kleinere Rakete aufs Haus unseres Kanzlers; dass er wenigstens seine teuren Anzüge nicht mehr tragen kann. Und sich einmal erinnert an den wunderbaren Satz von Marlon Brando in *Viva Zapata*: »Die Liebe, die Kraft und die Jugend können in Lumpen gehen«. Kurzum, manchmal wäre auch ich gern Gott. Aber Gott, Ronan schreibt es, mischt sich nicht mehr ein. Er ist suspendiert, wie die Politik suspendiert ist von den globalen Banken und Konzernen; gerademl Kriege dürfen Regierungen noch führen, die Armen alimentieren und die Polizei befehligen. Und vielleicht ist auch *die* bald privat, und wir können – wie heute schon zwischen Strombanbietern – wählen zwischen konkurrierenden Polizeifirmen, die uns, mal billiger, mal teurer, schützen oder verhaften. Aber zurück zu Gott: Aus Mitleid hat Gott damals den Fehler mit Noah gemacht: Er hat ihn am Leben gelassen. Und nun hat er den Schlamassel: Menschen haben ihn beerbt. Wie haben sie über dieses Erbe verfügt? Und was, so frage ich, hat ein Dichter da noch groß zu suchen?

Ich erinnere mich: Noch viele unerforschte Gebiete waren in den Atlanten meiner Jugend verzeichnet. Fremde unbekannte Länder luden zum Träumen ein. Es gab die Chance, Menschen fremder Völker mit Neugier und Anteilnahme zu begegnen. Reisende von früher berichten, wie herzlich sie zum Beispiel von Italienern als Fremde begrüßt wurden. Heute begegnen Sie in Italien fast überall demselben Büro- und Konsumtypus wie zuhause. Man kennt sich.

Man misstraut sich. Und das mit Recht. Die Kommunikationstechnologien, Fernsehen und Glasfaser, haben ganze Arbeit geleistet. Innerhalb eines Lebens, meines, scheint mir oft die Erde gänzlich entzaubert. Es scheint nicht mehr möglich, auf irgendetwas zu stoßen, was sich Menschen nicht immer schon an- und zugerichtet hätten. Das Mittelalter war noch bewegt von Angst vor dem Zauber der Natur. Zu Zeiten von Joseph Haydns *Schöpfung* liegt sie plötzlich offen und entzückend da. Die Dichter des 19. Jahrhunderts müssen ihr bereits hinterherzaubern. Inzwischen erfährt der Mensch durch nichts, was ihm äußerlich ist, noch eine Korrektur. Und gleichzeitig – so Adorno – »setzt menschliche Geschichte, die fortschreitende Naturbeherrschung, die bewußtlose (Geschichte) der Natur, Fressen und Gefressenwerden, fort«. Wo uns aber alles vertraut, nur noch menschlich ist, muss da nicht die Neugier, der fremde, be-fremdete Blick erlöschen, ohne den Dichtung nicht gelingen kann? Wie können, hat einmal jemand gefragt, Tiroler wissen, was Berge sind, wo sie doch selbst darin wohnen?

Es gibt Darstellungen aus dem ausgehenden Mittelalter, da wölbt sich über die flache Erde die Himmelshalbkugel, und ein Mensch streckt den Kopf aus ihr heraus. Inzwischen ist uns mit dem Posthistorie verfügt worden, dass wir zwar nicht in der besten, aber in der einzig möglichen, nämlich neoliberalistischen, Welt lebten. Das Ergebnis ist ein Wahnsystem, das so geschlossen ist wie seit den Herrschafts-Zeiten der großen Religonen weltweit kein anderes mehr. Nach Maßgabe und Interesse von globalen Banken, Konzernen und Share-holdern ist unser Leben formiert. Und weil gründlicher Widerspruch, jedes Denken auch nur an Gegenentwürfe aus der Öffentlichkeit gefegt ist, erfährt ein jeder das ihm Zugemutete so, als sei es das Leben selbst. Und lebt danach. Interniert. Und nur wer Geld hat, kommt zwar noch überall hin, aber nicht mehr raus.

Wie soll sich ein Dichter da noch bei der Welt im Wort fühlen in dem doppelten Sinn, in dem man im Deutschen diese Formulierung gebraucht: Will sagen: im Wort bei Sinnen sein *und* ein gegebenes Wort, ein Versprechen also, halten?

III

Von Joseph Haydn hörte ich kürzlich wieder einmal die *Schöpfung*. Sie wissen, wieviel musikalische Phantasie und Liebe Haydn darin an alle Wesen und Regungen der Natur verwendet. »Vom tiefsten Meeresgrund wälzt sich Leviathan« (Der Walfisch) oder: »Vor

Gott und der Dichter

Freude brüllend steht der Löwe da«, heißt es darin. Der Tiger, der Hirsch – alle werden sie musikalisch vorgeführt. Die biblische Genesis wird vom Komponisten und seinem Dichter gewissermaßen neu gewichtet. Und man muss zugeben: sie wird darüber schöner, als von Gott gedacht. Es ist die Zeit von Albrecht von Hallers *Alpen* und Ewald von Kleists wunderbarem langem Gedicht 'Der Frühling'. Die Zeit einer neuen entzückten Gegenständlichkeit und Sinnlichkeit angesichts aller Wesen und Erscheinungen der Welt; die Zeit, da die Natur in ihrem Zauber entdeckt wird. Danach wird sie von Menschen vermessen, gerechnet, verteilt, geplündert, internalisiert oder kaputtgespielt; und der vernichtete Reichtum schließlich durch virtuelle Welten ersetzt. »Die wirklichen Wälder werden zerstört, und wir bekommen dafür einen dichten Wald aus Zeichen, Signalen, Informationen, Sachzwängen usw.« (Safranski). Und als hätten Komponist und Dichter das kommen sehen, fällt ihnen zur Erschaffung des Menschen endlich kaum etwas Neues mehr ein. Mit eher steifem Pathos wird die Krone der Schöpfung vorgestellt. Warum überhaupt? Weil es ein Geschöpf geben muss, das – Zitat –»des Herren Güte preisen soll«. Es wäre also eigentlich nicht mal nötig gewesen. Aber dann läßt Gott auch noch Noah leben. Aus Mitleid. Und die Folgen davon kennen wir. Nichts bleibt übrig; Oasen vielleicht noch, Reservate der natürlichen Welt, längst überfrachtet mit Freizeit- und Fitnessangeboten, sonst nichts als der Mensch und seine Ausgeburten, Milliarden Einzelne, am Ende alle egal verschieden und jeder original second hand; sonst nichts. Und nichts dem Dichter, als wenigstens *davon* zu erzählen. Aus Mitleid. Vom Menschen nicht lassen zu können: Ist es die Erbsünde des Schöpferischen?

Nur: der fremde, der be-fremdete Blick: wie soll er da noch gelingen? Jahrhunderte scheinen zu liegen zwischen der Welt von Dylan Thomas' *Unter dem Milchwald* und der Welt eines Metropolen-Schriftstellers von 1999. Trotzdem stelle ich ihn mir vor: Als Indianer auf Zeitreise in die Gegenwart zum Beispiel, unverhofft materialisiert im Berliner Kaufhaus des Westens. Das wäre schon mal was. Dass wir wieder erschrecken lernen vor dem Angebiederten, bloß noch Menschlichen, Vertrauten. Dass nicht unwidersprochen eintritt, was Nicolas Born kurz vor seinem frühen Tod schrieb: »So wird der Schrecken ohne Ende langsam normales Leben«. Unvergesslich ist mir auch der Anfang von Douglas Adams' *Per Anhalter durch die Galaxis*, Bd. 1: Gerade hat der Held vorerst verhindert, dass ihm Haus und Garten abgeräumt werden wegen einer Schnellstraße, als ein Raumkreuzer der Vogonen heranbraust, um wegen einer intergalaktischen Schnellstraße die Erde abzuräumen... Und noch einmal Nicolas Born, einer der wichtigsten Autoren der deutschen Gegenwartsliteratur: Mitte der siebziger Jahre wünschte er sich ein Leben, in dem »nicht länger nur unten die Maschinen laufen und oben die Filme«. Und nach einer Phase oft blinder Akzeptanz des Simulierten, der Welt aus zweiter Hand bei nicht wenigen Schriftstellern nehmen andere heute, z.B. der junge Norbert Niemann, den Gedanken wieder auf von einer »Rückeroberung der Wirklichkeit, die aus *Erfahrungen* zusammengesetzt« ist. Niemann, selbst früher Discjockey und geradezu besessen von allem, was mit Hightech und neuen Medien zu tun hat, erhofft sich jetzt von der Literatur ein – Zitat – »neues Ketzertum innerhalb der herrschenden Medienkirche«. Zu Zeiten der Weimarer Klassik drängten die Eliten darauf, dass die Ideale der Kunst auch Ideale des Lebens würden. Demnach müßte heute die Konsequenz lauten: Mag auch alles simuliert sein: die Wahl, einem Simulator ein Bier ins Gesicht zu schütten, bleibt dir; auch wenn er dein Chef ist. Aber das, hier, beileibe nur als Anregung, nicht als Imperativ; wir sind nicht bei Schiller.

Näher ist mir im Augenblick ein Satz von Titus Livius aus der *Vorrede zur römischen Geschichte*: Die Klassenkämpfe sind (Marius und Sulla!) vorbei. Die Klassenverhältnisse unter den ersten Kaisern schlimmer als zuvor. Und Livius schreibt: »Wir sind soweit gekommen, daß wir weder unsere Laster noch die Heilmittel dagegen ertragen können«.

Buttern wir trotzdem weiter. Wie der Frosch in der H-Milch. Mindestens hält es jung.

Ob so ein Ketzertum in der jüngeren Literatur schon wieder eine geballte Kraft ist, vermag ich nicht zu sagen. Die wichtigste deutsche Wochenzeitung ist für mich der *Freitag* aus Berlin. Vom letzten Literaturwettbewerb in Klagenfurt vermerkt der Literturkritiker des *Freitag*: »Wenn etwas die jüngere Literatur verbindet, dann das Waten in der stillstehenden Zeit und eine morbide Lust an der elegischen Vagheit«. Sie wäre damit immerhin doch zeitgemäß. Und gab es nicht immer schon Zeiten und Verhältnisse oft, über Jahrzehnte weg, die so banal, bewegungslos und unerleuchtet waren, dass selbst die besten Künstler nur mittelmäßig sein konnten? Ich meine das als Trost...

2

Hermann Peter Piwitt: Outline Biography

DAVID BASKER

1935 Hermann Peter Piwitt was born, the youngest of three sons, on 28 January in Wohldorf, a suburb in the north-east of Hamburg. Piwitt's father, a civil servant and committed anti-communist, had joined the NSDAP in 1933 and was, for a time, mayor of Wohldorf during the Nazi dictatorship. His career was interrupted by the collapse of the regime and he was only able to return to public service in 1951. Piwitt describes his own childhood as a happy one. Following a family move to the outskirts of Frankfurt am Main, Piwitt went to school in the town of Oberursel, just to the north of the city.

1953 The Piwitt family moved to a housing estate for civil servants in the Frankfurter Berg suburb of Frankfurt.

1955 Following his *Abitur*, Piwitt began to study sociology, philosophy and literature at the Universities of Frankfurt and Munich. Taught by Theodor Adorno, Max Horkheimer, Walter Höllerer.

1960 Piwitt moved to West Berlin, following Walter Höllerer's appointment to the Technische Universität. He began work on a Ph.D. on representation of the Industrial Revolution in nineteenth-century German literature, but never completed it.
Translation of Miodrag Bulatovic's *Die Liebenden* and *Der rote Hahn fliegt himmelwärts*.

1961 Piwitt began to make contributions to the journals *Sprache im technischen Zeitalter* (connected with the 'Literarisches Colloquium') and *Akzente*.

1962 Piwitt co-editor of the anthology *Jugoslawische Erzähler der Gegenwart*.

1963	Translation of Miodrag Bulatovic's *Der Schwarze*.
1963-4	Piwitt participated in Höllerer's 'Literarisches Colloquium' project, following a three-month creative writing course. Working from this point on as a 'freier Schriftsteller'. Friendship with Nicholas Born began.
1965	Piwitt's collection of ten prose pieces, *Herdenreiche Landschaften*, published by Rowohlt, to widespread critical acclaim. Piwitt's 'Malchus', his contribution to the collectively written novel *Das Gästehaus*, also appeared. With the encouragement of Günter Grass, Piwitt joined the 'Wahlkontor deutscher Schriftsteller' campaigning on behalf of the SPD for the 1965 Bundestag elections (along with Nicolas Born, Hans Christoph Buch, Peter Schneider, and Bernward Vesper, among others).
1966	Piwitt withdrew his support for the SPD in the light of the 'Große Koalition'; thereafter a supporter, although often a critical one, of the DKP. Participation in demonstrations of the 'Außerparlamentarische Opposition'.
1967	Piwitt spent an eighteen-month period as a *Lektor* with Rowohlt in Hamburg. Left the post as a protest at Rowohlt's collaboration with the West German government in its campaign of smuggling anti-communist propaganda into East Berlin.
1968	Return to West Berlin. Piwitt awarded the 'Preis der jungen Generation' (Förderungspreis Literatur zum Kunstpreis Berlin).
1970	Piwitt's first contribution to the journal *konkret*. Regular contributions followed throughout his career.
1971	Publication of Piwitt's first volume of essays, *Das Bein des Bergmanns Wu*. Stipendiary guest of the Villa Massimo in Rome (1971-2).
1972	Publication of *Rothschilds*, Piwitt's first novel, documenting the period of restoration of West Germany in the 1950s.
1973	Piwitt spent a period as visiting writer-in-residence at the University of Warwick.
1974	Piwitt travelled to Scotland to write a travel essay for *Stern* magazine.

1976 Publication of Piwitt's second volume of essays, *Boccherini und andere Bürgerpflichten*. Edited with Peter Rühmkorf issue five of Rowohlt's *Literaturmagazin*, under the title *Das Vergehen von Hören und Sehen*.

1978 Piwitt co-editor of the anthology of stories *Die Siebente Reise*, published by the AutorenEdition.

1979 Publication of *Die Gärten im März*, in which West Germany of the 1960s, including the problems of *Vergangenheitsbewältigung* and generational conflict, is presented.

1981 Publication of *Deutschland. Versuch einer Heimkehr*, in which Piwitt explores his own childhood and his attitudes towards Germany.

1982 Piwitt edited *Auf der Balustrade – schwebend*, a collection of poetry by young writers attending the 'Erste Lyrik-Werkstatt des Literaturzentrums Hamburg'.

1985 Publication of Piwitt's third volume of essays *Die Umseglung von Kap Hoorn durch das Vollschiff Susanne 1909 in 52 Tagen. Einmischungen aus 10 Jahren*. The volume consists primarily of essays previously published in *konkret*.

1986 Publication of the novel *Der Granatapfel*, in which Piwitt offers a critical view of contemporary society through the perspective of the memoirs of the fictional poet and womaniser Gianbattista Taumaturga. Taumaturga is based on the Italian author Gabriele d'Annunzio.

1993 Publication of the novel *Die Passionsfrucht*, which takes up a number of the themes presented in *Der Granatapfel*. Stories surrounding the life of the disillusioned art professor Mahler as he returns to the shore of an Italian lake are connected once again with the life of d'Annunzio.

1998 Publication of the novel *Ein unversöhnlich sanftes Ende*, in which Piwitt offers a kaleidoscopic view of post-unification Germany and the effects of globalization.

1999 Piwitt visited University of Wales Swansea as writer-in-residence in the Centre for Contemporary German Literature.

3
»Jeder Satz soll schön sein«: Gespräch mit Hermann Peter Piwitt

RHYS W. WILLIAMS

RWW: Ich möchte ganz vorne, bei der Kindheit, anfangen, und ich möchte fragen, wie Du überhaupt zum Schreiben kamst. Warst Du von Anfang an überzeugt, dass Du Schriftsteller werden wolltest, oder hat sich dieser Wunsch erst später eingestellt?

HPP: Das kam später. Zunächst mal verlief alles wie bei den meisten anderen auch: Man ist jung und sollte darüber froh sein; und stattdessen quält man sich nur rum und fühlt sich von allem in Mitleidenschaft gezogen. So entstehen Tagebücher. Dann sucht man Rat bei Schriftstellern, die sowas schon hinter sich haben. Und dann probiert man es auch.

RWW: Wer waren diese frühen Einflüsse?

HPP: Mit sechzehn habe ich den ganzen Nietzsche gelesen und bin darüber fast verrückt geworden. In der Schule habe ich nicht mehr mitmachen wollen. Ich las Rilke und alle diese Tröster, die zum frühen Größenwahn genauso ermuntern wie sie aus Ohnmacht und Unglück heraushelfen können. Auch Kafka. Ich konnte ein bisschen musizieren (Cello) und liebte Musik. Ich konnte ein bisschen malen. Ich sagte mir: Du bist eigentlich zu nichts Vernünftigem zu gebrauchen. Also arbeitetest Du mal in diese Richtung. Ich wusste nicht, wohin mit mir in der Welt. Und das Studium gestattete den nötigen Aufschub, dass man nicht daran zerbrach.

RWW: Von welchen Lehrern kamen während der Studienzeit die wichtigsten Einflüsse? Von Adorno?

HPP: Walter Höllerer werde ich ein Leben lang dankbar sein. Und Adorno war damals fast der einzige Hochschullehrer in der

Republik, bei dem man dialektisch denken lernen konnte. Dialektik natürlich nicht als Rhetorik der Machterhaltung, sondern als Denk-Kunst, um die Logik der Macht zu unterlaufen und gewissermaßen im Rücken zu packen. So, wie Brecht sie oft benutzt hat. Da habe ich vielleicht in Frankfurt am Main einfach Glück gehabt. Ich halte die Stadt noch immer für das geistige Zentrum der Republik. Mit zwanzig dann die erste große Erzählung in der *Frankfurter Allgemeinen*. Dann *Herdenreiche Landschaften*: Passion und Experiment. Beckett.

RWW: Ich finde die *Herdenreichen Landschaften* sehr schwierig, es ist keine leichte Lektüre.

HPP: Ja, das waren die sechziger Jahre. Da gab es auch sowas wie einen Wettbewerb darum, wer am kompliziertesten schrieb. Aber das waren Umwege, die dann nicht selten zu den besseren Zielen führten.

RWW: Ja, beispielsweise die Entdeckung von Beckett.

HPP: Man experimentierte mit Sprache, mit Form. Der tradierte Realismus war in Verruf geraten, will sagen: jener Realismus der Form nach, wie Brecht ihn in der Diskussion mit Lukács kritisierte. Also Hans Werner Richter, Böll; das wollten wir nicht mehr. Dass die Passion erstickt wird von stilistischer Konvention, abgetakelten Klischees des 19. Jahrhunderts. Richter selbst hat mal unter vier Augen darüber gespottet: er sprach vom »Irgendwo-bellte-ein-Hund-Stil« seiner Altersgenossen.

RWW: Aber stellte dieses Experimentelle nicht eine Sackgasse für die Literatur dar?

HPP: Es täuschte gewiss auch darüber hinweg, dass mancher gar keinen Stoff, kein Leben, keine Passion zu erzählen hatte. Da ließ sich das Defizit dann mit formalen Experimenten wettmachen. Das hatte sein Ende mit Grass' *Blechtrommel*, wo sich das stilistische Wagnis endlich wieder mit Lebensfülle vereinte.

RWW: Und die Kollegen von damals, die junge Generation, dazu gehörten ja auch Leute wie Nicolas Born.

HPP: Born habe ich erst 1963 im Literarischen Colloquium Berlin kennengelernt. Man ermunterte sich gegenseitig, hing immer zusammen, trank, spielte Karten und redete über Literatur und Mädchen. Bichsel, Fichte, Hans Christoph Buch lernte ich später in Berlin kennen. Berlin war damals eine aufregende, manchmal anstrengende Stadt. Und oft kam man vor lauter Leben oder Leben-Verfehlen nicht zum Schreiben. Die Stadt lag noch halb in Trümmern. Und es gab eine riesige Boheme. So ungefähr muss es bis ein paar Jahre nach der Wende auch im Osten der Stadt zugegangen sein. Auch Uwe Johnson ging damals nach Berlin. Und ich eben 1960.

RWW: Hing das mit dem Mauerbau zusammen?

HPP: Natürlich auch damit. Plötzlich kam Geld in die Stadt. Von der Ford-Foundation und so weiter. Und auch für die Dichter fielen ein paar Krümel ab. Und jenseits der Mauer war ein anderer Kontinent. Und rüberfahren war wie die Galaxis wechseln. Man konnte sich als Student auch mal sattessen und -trinken, da, mit billigem Geld. Und noch Jahre nach dem Fall der Mauer habe ich diesem Geruch nach Kindheits-Kamin-Rauch und Reinigungsmitteln noch nachgeschnüffelt; es war nicht das Reich des Bösen, wie Reagan es nannte. Unentfaltete Leute versuchten sich mit Gewalt an etwas Richtigem: nämlich einen alternativen Markt für die Leistungsschwächeren der Erde aufzubauen. Chinesen hatten es da leichter. Sozialismus geht halt nicht auf Anhieb; den muss man üben.

RWW: Hast Du etwas von den DDR-Schriftstellern gelernt, oder war das einfach eine andere, exotische Welt?

HPP: Exotisch ist nicht das richtige Wort. Und formal habe ich auch nichts dazugelernt von DDR-Kollegen. Allenfalls politisch. Dass man Sozialismus besser machen musste, zum Beispiel; wenn das denn überhaupt möglich war unter den globalen wirtschaftlichen Machtverhältnissen.

RWW: Grass hat von diesen Gesprächen mit DDR-Schriftstellern geschrieben, wie fruchtbar sie wären. Dass eine Möglichkeit daraus entstand, in der man vielleicht eine deutsch-deutsche Literatur wieder entdecken oder erfinden könnte.

HPP: Ich fand eine einheitliche deutsche Literatur nie erstrebenswert. Ich bin für Vielfalt. Wir haben eine österreichische, eine Schweizer Literatur, sogar eine deutsch-luxemburgische. Und wir hatten eine eigene Literatur in der DDR. Da ging man andere, eigene Wege. Wieder andere verharrten in einem tradierten Realismus der Form nach, eben dem sozialistischen. Ich war bei den erwähnten Gesprächen nur ein paarmal dabei. Mich interessierte die Stadtlandschaft der 60er Jahre, vor allem noch vor dem Mauerbau. Da konnte man stundenlang mit der S-Bahn den »Ring« fahren. Und noch dazu in herrlich leeren Zügen.

RWW: Es gab den S-Bahn-Boykott.

HPP: Ja; weil die S-Bahn von Ostberlin aus verwaltet wurde. Manchmal fuhren wir mit einer Flasche Schnaps allein im Wagen für 20 Pfennig durch die ganze Stadt. Und die bestand eben noch nicht aus Glas und Beton wie heute, sondern war auf eine höchst lebendige Weise kaputt. Und eine halbverfallene Fassade mit »Gesicht« ist einfach schöner anzuschauen als Glas, das weder Fassade, »Gesicht« hat noch Durchblick gestattet. Eine Freundin, die heute das Frankfurter Literaturhaus leitet, erzählte mir einmal, wie sie nach dem Fall der Mauer mit westdeutschen Freunden in Leipzig war. Man sah die Fassaden hoch: Ah, wie zerfallen das alles sei! Eben Sozialismus. Darauf sie: ja, aber in Italien fändet Ihr das toll. – Dass wir uns recht verstehen: Die Dächer müssen dicht sein, die Wände trocken. Aber warum soll man eigentlich nicht einer Stadt ansehen dürfen, dass das Leben und die Zeit an ihr gearbeitet haben?

RWW: Das fiel in die späten sechziger Jahren, in die Zeit, in der Du viele politische Aufsätze geschrieben hast.

HPP: Ich war zunächst ein ziemlich unpolitischer Mensch. Ich habe ein bisschen mitdemonstriert gegen Wiederbewaffnung und Atombomben, sonst nichts. Und der Bau der Mauer? Meistens war ich unglücklich verliebt oder hatte gerade jemanden unglücklich gemacht. Gedanken auf Politik zu verwenden, darauf hat mich eigentlich erst Grass gebracht.

RWW: Mit seinem Engagement für die SPD?

HPP: Ja, denn die SPD war damals immer noch besser als gar nichts. Aber dann merkten schnell auch die Sozialdemokraten, dass der eigentliche Souverän das Kapital war; und dass sich ohne dessen Zustimmung keine Politik machen ließ. Und darauf bin ich schon selbst, ohne Grass, gekommen. Grass hat das, glaube ich, heute noch nicht recht begriffen.

RWW: In Deinem Werk finden sich kaum Hinweise, die auf eine (irgendwie geartete) Unterstützung der SPD schließen lassen. Da läßt sich eher eine marxistische Richtung erkennen, eine theoretisch sehr harte Linie, die vor allem in den Aufsätzen in *Das Bein des Bergmanns Wu* sehr stark heraustritt. Stellt dies ein unfaires Urteil dar?

HPP: Ich glaube, ich war damals eher scheu im Vergleich zu dem, was Leute '68 verzapften, die später eine ganz andere Karriere machten. Es war eine Phase überstürzter Aneignung. Das *Kapital* ist ja nur deshalb so schwer zu lesen, weil Marx sich erst beim Schreiben die Materie aneignen musste; er war eben selbst kein Nationalökonom. Und diese Schwierigkeiten der Aneignung vollzogen die Nachgeborenen nach. So kam das Soziologen-Chinesisch zustande. Und es ist mir heute noch unbegreiflich, wie begeistert alle waren von den kursierenden Wahrheiten, wo sie doch konkret fast niemand verstand. Und den meisten ging es ohnehin nicht um Sozialismus. Sie hingen noch mittendrin im alten Nazi-Dreck. Über die Eltern, die Schule, die Universität. Bis dahin hatte man sich mit Sartre und Heidegger daraus zu retten versucht: Also »Leere«, »Vergeblichkeit«, das »Nichts«. Und nun plötzlich war ihnen in die Hand gegeben, plausibel, materiell zu widersprechen.

RWW: Man sieht in den Reisebeschreibungen von *Boccherini* ein politisches Bewusstsein, einen Reisenden, der schwierige Fragen stellt, der versucht, die Realität aufzudecken; man möchte fast von einem politisch Reisenden sprechen. Das hat einen Einfluss auf Dein Bewusstsein gehabt, den man leicht sehen kann: Dieser Mann ist politisiert. Hat dies gleichzeitig seinen Niederschlag in der Literatur gefunden? Kann man die *Gärten im März* oder die *Rothschilds* als politische Bücher beschreiben?

HPP: *Rothschilds* ist vielleicht ein Zwitter; man hat dem Buch vorgeworfen, die politischen Erkenntnisse seien mit der Liebesgeschichte episch nicht vereinbart. Aber es ist nicht immer alles zu *erzählen*, was zur Sprache kommen soll. Deshalb die Zeitungsausschnitte, die Zitate, das Patchwork, die politischen Wegweiser.

RWW: Mir gefällt es eigentlich, weil die Hauptfiguren gewissermaßen im Dunkeln tappen. Sie durchschauen ihre Situation nur zum Teil, weil gerade sie nicht verstehen, worum es in dieser Stadt geht. Ich finde das eher gelungen und würde es keinesfalls als Schwäche ansehen.

HPP: Erzählt ist nur kaum erhelltes Leben. Die Zitate bilden gewissermaßen eine Kulisse aus Zeichen, durch die der Irrweg der beiden »Helden« geht; erhellenden oder kontrastierenden Zeichen. In den gleichzeitig erschienenen Romanen der Studentenbewegung haben dagegen andere Autoren versucht, ihren Figuren die neugewonnenen politischen Weisheiten erzählerisch anzuverleiben. Aber heraus kam der alte Bildungsroman. Und der Held am Schluss als Vorzeigeobjekt.

RWW: Ja, man begibt sich unweigerlich auf den Weg, der hin zum Sozialismus führt, und die Leser sollten diesem Beispiel folgen.

HPP: So einfach wollte und konnte ich nicht arbeiten.

RWW: Ja, das wäre fast eine Art von didaktischer Literatur. Was mir an den *Rothschilds* gefällt, ist, dass die Figuren verstehen, dass irgendetwas nicht in Ordnung ist, aber sie verstehen nicht, was genau. Der Leser hat die Möglichkeit zu kombinieren, die Hauptakteure gegen diese Kulisse der Stadt zu sehen. Indem dem Leser Informationen über die Stadt an die Hand gegeben werden, weiß er mehr. Das ist kritisiert worden, aber das gefällt mir.

HPP: Es gab Kritik aus der konservativen Ecke. Aber auch in der damals tonangebenden Öffentlichkeit der Linken und Marxisten. Sie vermissten das Positive. Und sie forderten gleich die entsprechende Ästhetik mit ein. Und die hatte natürlich der sogenannten »Sache« zu dienen. Ein eigener Weg zur Wahrheit wurde der Literatur nicht zugestanden. Und das Schöne war in Verruf geraten. Das Schöne lenkte angeblich nur ab von dem, was getan werden musste. Wenn man das Wort Ästhetik auch nur benutzte, war man schon ein verkappter Bourgeois, der heimlich Champagner trank.

RWW: War *Die Gärten im März* für Dich ein Fortschritt nach den *Rothschilds*?

HPP: Es war etwas anderes. Ich brauchte die »Cut-off-Technik« nicht mehr. Ich konnte Geschichten an Figuren entlangerzählen, Figuren entwickeln und Erfahrungen und Erlebnisse, die biografisch waren, mehr als bisher heranziehen. Der Erzähler, der Drucker, das bin nicht ich; aber ich konnte mich sehr gut in ihn einfühlen. Ponto, der Held, hat schon mehr etwas vom Autor. Und gleich kam der Einwand: »So kannst Du den netten Kerl doch nicht umkommen lassen«. Und aus der anderen Ecke: »Eigentlich ist er ein Bourgeois und hat nichts anderes verdient«.

RWW: War das ein politisches Experiment mit Möglichkeiten? Haben die Figuren keine Freiheit, sind sie durch ihre Welt bedingt?

HPP: Ponto will sich seinen Eigensinn erhalten, sein Recht auf Freundlichkeit ebenso wie das Schicksal seines schiefen, unbestechlichen Blickes. Und das ist schwer gegenüber den Nötigungen und Umarmungsversuchen der liberalen hansestädtischen Bourgeoisie ebenso wie gegenüber den Selbstgerechtigkeiten der Kommunisten, unter denen er Freunde hat. So fällt er als unzuverlässig aus allen sozialen Beziehungen heraus.

RWW: Handelt es sich dabei um Zwänge, die Du selbst erlebt hast?

HPP: Ja, das waren Zwänge, die ich auch selbst erfahren habe. Und ich wollte schließlich nicht vereinsamen. Auch deswegen war ich neugierig auf die einen wie auf die anderen. Aber leben konnte Ponto weder mit diesen noch mit jenen.

RWW: Ja, man sieht, was schiefgeht, es wird dem Leser aber nicht vor Augen geführt, wie es besser sein könnte. Man kann sich jedoch *ex negativo* vorstellen, dass es trotzdem eine bessere Alternative gibt.

HPP: Die Hauptfigur, Ponto, hat durchaus ihre Utopie, der sie nacheifert. Und auch scheiternde oder untergehende Helden stiften zum Träumen an, insofern sie unser Erbarmen, unsere Trauer, unser Mitgefühl wecken. Wir fragen uns: Warum sind wir so traurig? Geht uns da etwas verloren mit ihnen? Vielleicht geht ein Traum mit ihnen in uns verloren?

RWW: Schrecken und Mitleid wie in der alten Tragödie?

HPP: Ja.

RWW: In den nächsten Büchern spielt Italien eine große Rolle – ein Land, dem sehr oft eine gewisse Sinnlichkeit zugesprochen wird. Was ist da passiert?

HPP: Ich war oft in Italien.

RWW: Italien ist für mich fragwürdig, weil die Deutschen den Faschismus durch Italien aus zweiter Hand analysieren können. Ist Dein Italienbild Utopie oder Sinnbild des Faschismus im zwanzigsten Jahrhundert? Oder stellt es sich bei Dir ganz anders dar?

HPP: Da ist zunächst mal die Erfahrung, die auch britische Reisende zuhauf gemacht haben: nämlich, dass das Leben plötzlich leicht wird. Oder Du erfährst, dass es einfacher sein kann, als Du es Dir machst. Die zweite Einsicht für mich war, dass Italiener eigentlich viel praktischer und unromantischer veranlagt sind als Deutsche. Als sie zum Beispiel merkten, dass der Faschismus in ihren Augen zu nichts mehr nutzte, haben sie Mussolini davongejagt. Er ist von seinen eigenen Leuten entmachtet worden. Und vom König, dem er seine Ernennung verdankte. Dazu gehört, dass es keine Judenverfolgung gab; schließlich, wozu sollte sie nützlich sein? Und dann die Linke: es war ihre Zeit, als ich 1972–3 für ein Jahr in Rom war. Und natürlich sehen rote Fahnen viel schöner im Sonnenlicht aus. Und international berühmte italienische Schauspieler hielten politische Reden – und wurden ausgelacht, weil man ihnen nicht recht glaubte. Alles war ungeheuer passioniert. Und dann stellte sich heraus: Sie kochen auch nur mit Wasser. Aber zurück zur Frage nach dem deutschen Blick auf den Faschismus. Der kommt ja im *Granatapfel* und in der *Passionsfrucht* vor. Aber nicht, weil ich mich vor dem deutschen Faschismus drücken wollte. Tatsache ist: diese soziale Bewegung nahm ihren Anfang in Italien. Und sie blieb dort bis zum Schluss übersichtlicher als in Deutschland. Ohne die düsteren, romantischen Ungeheuerlichkeiten, die uns in Deuschland oft den Blick verstellten für gewisse einfache soziale und wirtschaftliche Konditionen: Da war der Erste Weltkrieg. Und danach war der Norden praktisch rot. Die Arbeit wurde nicht mehr auf dem Markt angeboten, sondern von den Arbeitern selbst organisiert. Unternehmer und Großgrundbesitzer waren praktisch entmachtet. Dann dauerten Streiks zu lange und gingen schief. Dannn stellte sich die Polizei, dann das Heer – herumlungernde, um ihren Sieg gebrachte Veteranen – auf die Seite der Agrarier und Unternehmer. Und dann kippte alles ganz schnell. Das war nicht viel anders als in Deutschland. Aber noch heute glauben die Deutschen, Hitler, das »Monster« (*Der Spiegel*), sei allein an allem schuld.

RWW: Was hältst Du von meiner These, dass die Deutschen versuchen, in Italien die eigene Vergangenheit aus zweiter Hand zu verstehen?

HPP: Das gilt bestimmt für einige Intellektuelle. Ich wollte das nicht. Meine »deutsche« Vergangenheit kommt in *Deutschland. Versuch einer Heimkehr* vor, in *Rothschilds*, in den *Gärten im März*; Wie man davon wegkommt; und was einem als Kind zugefügt wurde.

RWW: Es ist bezeichnend, dass in den zwei Italienbüchern die Helden Künstler sind. Es kommt sehr stark heraus, dass Italien sinnlich, künstlerisch anregend ist.

HPP: Vielleicht war das eine Art von Emigration, wenn auch ohne Not. Man war ja nicht körperlich gezwungen, aus dem sogenannten »Deutschen Herbst« in ein anderes Land zu fliehen. Und dann entdeckte ich d'Annunzio im Moment, wo der Typus Anfang der achtziger Jahre schlagartig wieder auftrat. Das war die Zeit von Süskinds *Parfum*. Jeder kann das Beste aus sich machen, hieß es. Und wenig später: everybody is an original. Mit den linksalternativen »Teesocken«, wie man damals spottete, und bald auch mit jeder Art politischer Wert- und Sinnsuche war es damit ersteinmal vorbei. Und ich dachte: wie sich die Jahrhundertenden doch gleichen ...

RWW: Korrektur des Politischen sozusagen?

Gespräch mit Hermann Peter Piwitt 19

HPP: Die Linke hatte sich in Esoterik aufgelöst. Und der d'Annunzio von vor hundert Jahren erschien mir als Prototyp der achtziger und neunziger Jahre von heute, über die ich schreiben wollte. Die Straßen waren voll von Leuten wie ihm. Unvergesslich für mich ein Lieferwagen, der in unserer Straße parkte: da stand drauf: »Ich siege gern«. Natürlich gewinne auch ich lieber, als dass ich verliere. Aber wenn es irgendwie geht, stimme ich mich mit Menschen ab. Aber diese neue Stimmung im Westen ging ja noch weiter: da gab es Aufschriften auf Autos wie: »Eure Armut kotzt mich an«.

RWW: Du schreibst in der ersten Person im *Granatapfel*, und darin liegt eine sinnenfrohe Sympathie für Taumaturga, den Helden. Gleichzeitig ist es aber auch die Erinnerung eines alten Mannes. Da läßt sich eine gewisse Distanz im Prozess erkennen.

HPP: Ich habe mir vorgestellt, wie dieser Mensch, Taumaturga, der Wundertäter, alias d'Annunzio ein Drittel seines Lebens pompös in der Zeit des Faschismus verbracht hat. Und nun nach dem Krieg erzählt er von sich; und redet dabei über sein Leben aus Angst vor dem Tod. Versucht sich zu rechtfertigen und redet sich um Kopf und Kragen. Und rettet sich in Clownerien. Und das Wundersame ist, dass die Briefe aus d'Annunzios Greisenzeit, die Maria Gazetti vor Jahren aus dem Vittoriale d'Italia am Gardasee zu Tage befördert hat, von genau der Art sind: genauso verrückt, garstig und durchgeknallt, wie mein Taumaturga redet. Hochtrabendes Geblödel, Kaspereien, etwa in den Briefen an seine Köchin, mit der er eine Liebschaft hatte. Und da fühlte ich mich natürlich im nachhinein heiter ins Recht gesetzt mit meiner Sympathie für einen betörenden Idioten.

RWW: *Deutschland. Versuch einer Heimkehr* scheint mir das beliebteste Buch unter den Lesern zu sein, vielleicht, weil es sich durch einen sehr zugänglichen und persönlichen Stil auszeichnet. Eine deutsche Kindheit wird beschrieben, das ist ein sehr plastisches, präzises Thema. Hast du Dich beim Schreiben gezwungen gefühlt, über Deine Kindheit und Vergangenheit etwas auszusagen?

HPP: Eine Reihe von Kolleginnen und Kollegen aus meiner Generation haben inzwischen von ihrer Kindheit in der Nazizeit geschrieben. Berühmt ist *Die Reise* von Bernward Vesper geworden. Der Vater, Will Vesper, war ein Vorzeige-Dichter der Nazis. Ich kannte Vesper sehr gut. Das Buch hat großartige Passagen. Aber ich glaube dem Autor nicht, dass der Vater der böse Mann war, als den er ihn als Kind erlebt haben will. Im Gegenteil, der Sohn hat wahrscheinlich noch als Heranwachsender, als junger Mann den Vater geliebt und geschätzt. Und von dieser Bindung ist er ein Leben lang nicht losgekommen. Auch ich habe meinen Vater geliebt. Vor allem, weil er meist abwesend war. Aber wenn er dann mal ein Gastspiel gab, aufgeräumt, ein bisschen angetrunken von seinen Nazi-Exkursionen nach Hause kam, dann war er natürlich der Onkel aus Amerika. Ähnliches berichtet Niklas Frank, der Sohn des Generalgouverneurs von Polen. Sein Vater war ein Verbrecher ganz anderen Kalibers. Aber die Liebe, die er dem Kind zufügte: was macht man damit? Man muss sie irgendwann vereinbaren mit Erkenntnis. Und das ist manchmal ganz schön hart.

RWW: Ist die Heimkehr gelungen?

HPP: Natürlich nicht. Kann man stolz auf sein Land sein? Nein. Aber in einem bestimmten Alter, als Kind, kann man sich gegen frühe Prägungen nicht wehren. Es gab in meiner Kindheit diese frühen Leica-Fotos; weich gezeichnete, übersonnte Landschaften. Eine ganz neue Technik. Und die entsprechenden Bildbände dazu. Später war ich entsetzt, was für ein Bild von »Heimat« ich davon hatte. Und heute, wenn ich mit der Bahn über Hannover hinaus nach Süden fahre und aus dem Fenster schaue, habe ich diese Bilder immer noch in der Seele. Durch einen Akt des Bewusstseins kommt man nicht davon los. Und vielleicht soll man es auch nicht. Aber unter Kontrolle halten sollte man, was da vor sich geht. Und sich nicht großartig wie Walser hinstellen und sagen: Ich habe so ein Stuttgart-Leipzig-Gefühl. Ich habe manchmal sogar ein Hamburg-Breslau-, ein Hamburg-Riga- oder ein Hamburg-Straßburg-Gefühl; denn das war ja alles auch mal »Reich«. Kurzum: fühlen kann ich alles, jede Dummheit. Wenn es weiter nichts ist.

RWW: Du hast von Deiner sehr glücklichen Kindheit erzählt.

HPP: Ich habe mich nie so glücklich und behütet gefühlt wie als Kind im Dritten Reich. Und das ist natürlich ein Buckel fürs Leben.

RWW: Diese Gorch-Fock-Episode in *Deutschland. Versuch einer Heimkehr* finde ich sehr interessant. Ich fühle mich bei der Lektüre ein wenig an d'Annunzio erinnert. Gorch-Fock war ein Held in der Nazizeit, auch vorher. War er aber ein missbrauchter Held?

HPP: Missbraucht; aber nicht ohne sein vorheriges Zutun. Er war ein kleinbürgerlicher Nationalist, wie es Millionen gab, mit seinen Ressentiments und seinem krummen Hochmut. Das Hamburger Kleinbürgertum war anti-englisch. Das Großbürgertum anglophil. Da hatte man gute Geschäftskontakte, man besuchte sich und heiratete untereinander. Das Kleinbürgertum, die kleinen Fischer auf dieser Elbsinsel dagegen, identifizierten sich, wirtschaftlich bedroht von den großen Fischerei-Firmen, mit dem vermeintlich höheren Interesse des Reichs. Das Wort »Brit« war bei uns zuhause ein Schimpfwort. Wenn wir mit kaputten Knien von Spielen nachhause kamen, dann sagte meine Mutter: »Ihr habt ja Briten-Beine«. Dabei tat kein Engländer dem Kleinbürger was.

RWW: Kommen wir zu *Ein unversöhnlich sanftes Ende*. Das Buch besteht aus verschiedenen aufgesplitterten Geschichten, eine Technik, die Dein Werk an mehreren Stellen kennzeichnet. Du beschreibst darin eine gefährdete Kindheit. Was mir gefällt an dem Buch, ist, dass die Einzelteile sehr schön aneinandergefügt sind. Man sieht, dass eine Art Muster entsteht. Aber das Territorium: ist es Deutschland?

HPP: Das ist das jetzt geschlossene Wahnsystem: die *eine*, neoliberal formierte Welt, die wir inzwischen als das Leben selbst erfahren. Deutschland, Europa, die ganze Erde. Es ist allgegenwärtig. Vor allem in den Köpfen.

RWW: Im Süden des Territoriums ist doch Italien?

HPP: Ja. Aber dieses magische Moment ('Territorium', 'Groß-Territorium', 'Der Reisende'), das ist natürlich schon neu bei mir. Zweierlei hat mich angestiftet. Das eine war, dass man 1989 hätte machen können, was noch 15 Jahre zuvor die meisten Deutschen wollten: einen demokratischen Sozialismus. Stattdessen war plötzlich diskreditiert, was auch nur von fern daran erinnerte: Mitbestimmung, Investitionskontrolle und und und. Da brachen alle Hoffnungen auf ein Leben mit Alternative zusammen. Das andere war, dass die Linke aus dem kulturellen Diskurs ausgeschlossen wurde. Konkret: wenn mir einige Menschen damals nicht privat geholfen hätten, ich hätte unter den Brücken schlafen können. Und das war schon lehrreich. Ich habe mich immer wieder dafür eingesetzt, dass das Werk eines Schriftstellers für sich selbst zeugen muss, unabhängig von seiner Biografie und den richtigen oder falschen politischen Ansichten, die er im bürgerlichen Leben vertritt. Hauptsache, das Werkstück ist untadelig. Dieses Ideal von Werkimmanenz hatte bis dahin die bürgerliche Ästhetik für sich in Anspruch genommen. Selten handelte man danach. Aber jetzt ging noch der Rest von Illusion verloren, dass der herrschende Markt, die marktführenden Feuilletons dieses Ideal auch nur in Spuren wahren würden. Es ging nur noch darum, die siegreiche Wirtschaftsweise kulturell, auf der Diskursebene, festzuschreiben. Und wer politisch unzuverlässig war, wurde zum Schweigen gebracht oder für null und nichtig erklärt.

RWW: War das Absicht?

HPP: Das kann ich nicht beweisen. Der Markt führt keine Akten. Und wenn, fliegt nichts davon auf. Ich kann nur von meinen Erfahrungen sprechen. DKP-Mitglied zum Beispiel sollte ich gewesen sein. Das wurde dementiert. Aber dann doch wenigstens Sympathisant! Ja, Mitleid hatte ich mit ihnen. Da waren schließlich Uwe Timm, Gerd Fuchs und andere nachdenkliche Leute, die es sich schwermachten und dann auch noch irgendwann verdammt gut schrieben.

RWW: Das Buch ist ein trauriges Buch. Eher unversöhnlich als sanft.

HPP: Zu Lachen gab es nichts, als ich das Buch schrieb. Aber zornig ist es auch nicht. Hätte man wenigstens zornig sein können! Aber das kann man nur, wenn man einen Widersacher orten kann. Einen Polizisten zum Beispiel, bei der Haustür. Aber wie sagt Pasolini? »Es gibt eine Ungerechtigkeit, gegen die man nicht kämpfen kann.«

Gespräch mit Hermann Peter Piwitt 23

RWW: Swift ist vielleicht ein Einfluss, in dieser Episode vom Reisenden zum Beispiel. Ist das eine Weise, die eigene Welt zu entfremden, indem man sich als Reisender verkleidet und das Land neu besucht und entdeckt?

HPP: Ja; aber als Fremder zu verkleiden brauchte ich mich eigentlich gar nicht. Man wird zum Fremden gemacht, zum Riesen oder zum Zwerg, jedenfalls zur Abnormität, zum Un-Geheuer; und schon entdeckt man selbst die ungeheuerlichsten Dinge.

RWW: Womit möchtest Du Dich als nächstes beschäftigen?

HPP: Ich schreibe an einer Novelle. Das ist eine spannende Form. Aber der Stoff will sich noch nicht recht fügen. Also schreibe ich Tagebuch.

RWW: Ein eher langsamer Prozess also – Du bist kein Schnellschreiber?

HPP: Nein. Jeder Satz soll schön sein. Ich schreibe nicht gern schlechte Sätze, die nur der Handlung dienen sollen. Jeder Satz muss sich sehen lassen können. Es gibt diese furchtbaren Dialoge, wo es heißt: »›Hoppla‹, sagte er und zündete sich eine Zigarette an«. Oder »›Nicht doch‹, schlussfolgerte er spitzzüngig«. Ein Buch muss Stil haben, es muss Rhythmus haben, es muss Musik haben und es muss Leben transportieren. Und Leben möglichst restlos auskomponiert haben. Dann ist alles gut.

RWW: Peter, ich danke Dir für dieses Gespräch.

4

Sorgende Neugier und »Da ist nichts mehr, daß sich irgendwie nennen könnte«

STEPHAN REINHARDT

»*Wo etwas am Vergehen ist oder schon vergangen – eine Lebensform, ein Stück Natur, eine Klasse – melden sich die Dichter.*«

Heute, sagt Hermann Peter Piwitt, liest er Shakespeares *Timon von Athen*, die Geschichte jenes reichen Menschenfreundes, der in maßloser Güte alles hergab und der, arm geworden, von den Freunden zurückgewiesen, zum Menschenhasser wurde. Oder zuweilen blättert er in alten Volksliedern aus dem 16. und 17. Jahrhundert, jedesmal überrascht davon, wie selbst in Liebes- und Abschiedsliedern der Sprecher »unter Druck in Rätseln verstummt«. Katatonisch wird, spannungsirre. »Also daß – fühlt man sich einmal bei der Welt im Wort – auch das Wort in Mitleidenschaft gerät, wenn man unter Druck kommt.«

Und außerdem spüre er, wie der Tod immer näher kommt: »Ein anderes ist das Um-sein-Leben-Reden aus Angst vor dem Tod, also Schwätzen auf Teufel komm raus.«

Zwischen den beiden Weltkriegen war Wohldorf noch ein dörflicher Vorort im Nordosten von Hamburg. Piwitts Vater, der sich ohne Abitur und Studium in Hamburgs Sozialverwaltung als Beamter im gehobenen Dienst emporgearbeitet hatte, war 1933 in die NSDAP eingetreten. Der *Völkische Beobachter* war tägliche Pflichtlektüre. Neben einigen Klassikern standen im Bücherschrank auch Ernst Jüngers *In Stahlgewittern*. National und völkisch eingestellt und als Rassist auch Antisemit, hatte er nach den Nürnberger Gesetzen so genannte »Erbminderwertige« wie Juden, »Zigeuner«, Trinker zu erfassen; zeitweise war er für die Kriegsopferversorgung zuständig; schließlich wurde er Bürgermeister von Wohldorf und residierte in einer großen Dienstvilla. Das Ende der Nazidiktatur beendete seine Karriere:

Ihm war nichts nachzuweisen. Er hatte mitgemacht, gutgeheißen, soweit er überhaupt Bescheid gewußt hatte; wohl sogar ein bißchen korrigiert, wo es möglich war. Und so flog er nur aus dem Amt raus. Er war einer von diesen unbestechlichen deutschen Beamten gewesen, mit dessen Pflichtgefühl erst Preußen groß und dann Deutschland kleingemacht werden konnte. »Right or wrong: my country?« Das hätte er frivol gefunden. Für ihn galt: Recht oder Unrecht: die Gesetze. Und hatte er sich nicht immer an sie gehalten? Er hing zu Hause herum, in einer Einzimmerwohnung mit Küche, mittlerweile – ohne Beschäftigung [. . .]. Was hatte er sich vorzuwerfen? Er blieb bei seiner Überzeugung. Wenn – er rechnete – wenn, wie behauptet wurde, aus KZ-Opfern achtzehntausend Kilo Zahngold »gewonnen« wurde, dann hätten dreitausend SS-Leute drei Jahre lang Tag und Nacht Zähne brechen müssen! Und er folgerte: Reine Personalverschwendung! Hätte der Führer nie zugelassen! War denn also nicht alles gelogen? (D, 19)

Der Vater verdrängte nicht weniger als andere. Nach einem Besuch des am Stadtrand von Hamburg gelegenen KZs Neuengamme hatte er seiner Familie auf die Frage geantwortet, was dort mit den Menschen geschehen würde: »Nun, die arbeiten da. Und Arbeit hat ja wohl noch niemand geschadet. Oder?« (D, 17)

Piwitt wuchs im Schatten des Vaters als »Antikommunist« auf.[1] Mit Hitlers ideologischem und militärischem Feldzug gegen Sozialismus, Kommunismus und Bolschewismus rechtfertigte der Bürgermeister seine eigene Verstrickung ins »Dritte Reich«.

Die Entlassung aus dem öffentlichen Dienst empfand er als »schreiendes Unrecht«,[2] gegen das er bis zum Bundesgerichtshof prozessierte (D, 19). 1951 fand er wieder Anstellung: beim Bundesrechnungshof in Frankfurt am Main, wo er bis zu seiner Pensionierung Kassen von Bundesbehörden im Außendienst zu prüfen hatte. 1953 bezogen die Piwitts in der von Bundesbediensteten bewohnten Siedlung Frankfurter Berg ein Reihenhaus mit Garten.

Hermann Peter Piwitt, der Jüngste von drei Brüdern, ging in Oberursel vor den Toren Frankfurts zur Oberschule. Das »Mittelstandskind«[3] war ein schlechter Schüler, aber ein empfindsamer junger Mann, der Cello spielte, mit Mädchen »nicht klar kam« und der, wenn er las, dies »mit Tränen und Gänsehaut« tat.

Piwitt begann sich mit seinem Vater auseinanderzusetzen, dabei behindert freilich durch die »Quasiinformationssperre der 50er Jahre« über das ganze Ausmaß der NS-Verbrechen und der

Kollaboration der großen Mehrheit; gedämpft dabei auch durch die Tatsache, dass er und seine Generation nicht hassen konnten: Noch immer nämlich trugen sie »ihre Väter weiter als zugefügte Liebe im Leib«.[4] Zwischen sangesfreudigem, opernseligem Vater (»Beenken«) und grüblerischem Sohn (»Rott«) besteht zunächst ein liebevolles, dann spannungsreicheres Klammerverhältnis. Piwitt beschreibt es in seinem ersten Roman *Rothschilds*:

> Mit meinem Vater, mit dem ich beim Wandern 'Fidelio' und 'Treue Liebe bis zum Grabe' sang, diskutierte ich vor allem, ob Gott in der Natur oder in uns sei. Besonders der letzte Gedanke bereitete ihm Kopfschmerzen. Auch vom Tod versprach er sich noch einiges. Er wollte am liebsten auf einem hohen Berg unter rauschenden Bäumen sterben. Ich hielt es mehr mit Vulkanen, in die man sich stürzen konnte. Dies, wie man nach einem elenden Leben wenigstens beim Sterben noch eine gute Figur macht, schien mir lange Zeit unsere einzige Sorge. (R, 32).[5]

Der empfindsame junge Mann grübelte nach Sinn. War das Dasein nicht ein »Sein zum Tode«? Nicht geprägt vom »ewig nichtenden Sein«? Und war nicht, angesichts der grauenvollen Übel auf dieser Erde der Glaube an Gottes allweise Güte eine intellektuelle und moralische Zumutung? Piwitt ließ sich vom Religionsunterricht befreien. Camus' Roman *Die Pest* und seine Botschaft beeindruckten ihn: nämlich dem metaphysischen Unrecht zu widerstehen und in aussichtloser Situation der unausweichlichen Bedrohung standzuhalten. Piwitt las »den ganzen Nietzsche«:[6] Da verspricht jemand in seinem unerbittlichen Kampf gegen Christentum und Sozialismus, die »Religionen« der Schwachen, dass Rettung aus metaphysischer und existenzieller Not erfolge in der Selbsterlösung des Genies durch Ästhetik, Selbstbefreiung im Medium der Kunst.

Nach dem Abitur, 1955, begann Piwitt an der Universität Frankfurt am Main Soziologie zu studieren. Der aus dem Exil wieder an das Frankfurter Institut für Sozialforschung zurückgekehrte Philosoph und Soziologe Theodor W. Adorno faszinierte, weil er im autoritären, Status-quo-geleiteten Miefmilieu der Adenauer- und Globke-Ära die Unterredungskunst der Dialektik und mit ihr eine Methode der Negation, des Nichtidentischen, des kritischen, subversiven Blicks auf die Wirklichkeit einübte. Und waren nicht, lehrten Adorno und Horkheimer, Wissenschaft und Wahrheit in Wirklichkeit parteilich, von Interessen bestimmt und also an der Erhaltung des »Bestehenden« zutiefst interessiert? Mit Hilfe der Dialektik[7] ließen sich zu Macht und Herrschaft Alternativen hinzudenken. Musste denn alles als gegeben hingenommen werden? Gab es nicht auch andere Möglichkeiten? Nicht immer freilich mied Piwitt Adornos Sprachmanierismen, etwa in dem Satz: »Und irgendwann nimmt das alternativlos uns Zugerichtete, schlecht Bestehende den Schein des Lebens selbst, der Realität an sich an«.[8]

Piwitt hatte eine glückliche Kindheit verbracht, auf der anderen Seite galt nun aber auch: »Eine glückliche Kindheit erkunden und verwerfen müssen, heißt heimatlos werden« (*KH*, 210). Es war nicht zu umgehen: das schmerzliche Zurkenntnisnehmenmüssen der Verwicklung des Vaters ins NS-Regime, die Vergegenwärtigung des Holocaust, der moralischen Katastrophe. Auf dieses »Vaterland«, auf dieses »Volk« konnte man nicht stolz sein. Aufklärung, der Humanismus der Klassik – sie hatten vor nichts geschützt. Dem Scheitern des Zivilisationsprozesses und der Emanzipation gab Adorno eine scharf gemeiselte, auffahrende Sprache.

Heimatlos geworden, suchte Piwitt nach einer neuen geistigen Heimat: Er fand sie nicht nur in der kritischen Theorie der Frankfurter Schule, sondern auch in der Geschichte des Widerstands gegen den Nationalsozialismus, der freiheitlichen republikanischen Idee, der Arbeiterbewegung (*KH*, 210).

Gemeinsam mit dem befreundeten Lyriker Wolfgang Maier folgte Piwitt 1960 dem Literaturwissenschafler und Schriftsteller Walter Höllerer nach Berlin an die Technische Universität. Ein Erlebnissprung: Der bizarre Kiez in Westberlin: Savignyplatz; Potsdamer Straße; noch erreichbar war auch das Ostberlin vor der Mauer. Im Bahnhofskino Friedrichstraße sah er Filme wie *Kuhle Wampe* oder die in ihrer Qualität bemerkenswerte DEFA-Produktion »Rotation«.[9] Seine Doktorarbeit über die Anfänge der Industrialisierung im deutschen Roman des 19. Jahrhunderts brach er allerdings nach der Lektüre von Otto Ludwigs *Zwischen Himmel und Erde* wieder ab. Höllerer, der internationale Autoren nach Westberlin holte und das literarische Leben der westlichen Teilstadt organisatorisch belebte, blieb dennoch sein Mentor: Er ermunterte den erwachenden Schriftsteller.

»Gleichbleibend unglücklich verliebt«, schrieb Piwitt Erzählungen, die zum Teil entweder in Zeitschriften wie in Höllerers *Akzente* oder in der Frankfurter Studentenzeitung *Diskurs* erschienen. Zusammen mit elf weiteren Autoren besuchte er 1963–4 einen dreimonatigen Schreibkurs im Literarischen Colloquium. Piwitt freundete sich dabei unter anderen mit Nicolas Born an:

> Wir wohnten damals direkt am S-Bahnhof Wannsee. Ich im Haus der ehemaligen russischen Militärmission; ein alter Broschüren-Verleger vermietete es zimmerwiese. Er ein Haus weiter. Und morgens – es war Sommer – trafen wir uns beim Schwimmen am See. Ich rauchte und schluckte alles, was mir unterkam. Preludin, Hasch, Korn. Alles durcheinander und auf einmal. Schon morgens fing ich damit an und schrieb dann sieben Seiten – für den Papierkorb. Drogen machen nur locker, was in einem steckt [...]. Wir liefen rüber nach Kohlhasenbrück und fuhren durch die waldumstandenen Kanäle [...] abends ließen wir uns von der S-Bahn in die Stadt baumeln und spielten am Savignyplatz bei »Reimann« Mau-Mau mit Eich, der auf immer witzige Weise nie verlieren konnte. (*D*, 59)[10]

Gemeinsam mit dem Text 'Malchus', seinem Beitrag für den im Kollektiv geschriebenen Roman *Das Gästehaus*, verlegte Rowohlt im Februar 1965 den Erzählband *Herdenreiche Landschaften*. Piwitts provokante Prosastücke sind ungewöhnlich: Sie enthalten weder Stories noch haben sie Plots im herkömmlichen Sinn. Jede Erzählung steht für sich. Und doch sind sie miteinander verbunden: durch flirrende Figuren, die entweder wiederkehren oder variiert werden. Sie heißen – in mißlingenden Paarbeziehungen – »Marianne« und »Gustav«, »Sophie« und »Gustav«, »Baldus Korbes« und »Pia« und sie treten in bizarrem Namenskleid verschlüsselt in Hamburg, Berlin, München auf als die Freunde »Jaibo, Moritz, Bazi, Waiko, Lattenmüller«, dann als »Hadamek«, »Bugatschek«, »Bruno« und »Hubert«, als »Rasha« und »Onkel Asam«. Leicht identifizierbar sind wegbegleitende Personen wie »Dr. Rudolf August« (Rudolf Augstein), »das Ehepaar Mandel« und (Hans) »Mayer«. Im Grundriss erkennbar sind auch Situationen wie eine Beerdigung oder in 'Die Heimkehr' das Aufwachen eines Icherzählers in einem Zimmer, das Krankenzimmer, Zimmer der Geliebten oder eigenes Zimmer zugleich ist. Piwitt beschreibt, wie sich das erzählende Ich beim Vorgang des Aufwachens selbst entwirft:

> Das Aufwachen ist nur ein Auswechseln verschiedener Fieber. Du erwartest nichts von diesem Morgen, ob Morgen oder nicht Morgen, es ist mir gleich. Ein für allemal, ich will nichts sehen und hören davon, in den Schlaf zurück, vergessen, was den Körper, meinen Körper, zum Körper macht, Kälte und Helligkeit, wonach die Augen ja schon verrückt sind; noch habe ich sie geschlossen, aber ich spüre es, das Schwarz in den Augen ist heller jetzt, wenn ich sie öffne, wird alles wie immer sein. (*HL*, 25)

Weil alles wie immer, das heißt: gleich hoffnungslos, dem Tod und dem Nichts zugewandt zu sein scheint, löst Piwitt seine Ich-Figur wieder auf, läßt sie das Wachwerden verweigern:

> Was würde das an dem Sachverhalt ändern, daß ich hier liege und meinen Körper aus dem Gedächtnis verliere, der langsam abbröckelt, Stück für Stück, abschuppt, gerade noch fest und handlich genug, um sich widerwillig andern glaubhaft zu machen, für mich ist der Fall erledigt. Ich sage: erledigt.
> Der Morgen macht alles ungenau ... Das Radio ist still. Stille mauert, schiebt kleinste Partikel zusammen. Staub, Undefinierbares. Verbindungen daraus: Trennen sanft Gliedmaßen von Rumpf, Rumpf vom Kopf. Die schwimmen weg, da ist nichts mehr, das sich irgendwie nennen könnte, ansprechbar wäre, summendes Geräusch der Lähmung wird in den Beinen wach. Rumpf schmilzt zu einem unförmigen Klumpen zusammen, tierhaft, dickhäuterhaft. Da sind noch kleine Oasen des Schmerzes, schon dem Schlaf angehörig. Dann kaum noch Organisches, Hände machen sich selbständig, zucken, nun ist es schon nicht mehr kalt. Geräusch von Hammer und Amboß im Ohr, zeitweilig noch, setzt dann aus. Schlaf. (*HL*, 37-8)

Der Entwurf des Icherzählers – der sich, Lichtenberg und einige Romantiker zitierend, Bestätigung holt – wird durch 'Heimkehr' in den Schlaf zurückgenommen; Wahrnehmung von Wirklichkeit wird verweigert, radikal aufgekündigt, abgedrängt ins Nichts. Piwitt gibt dem »Widerstreit eines konstruktiven Willens zur Ichfindung und einer destruktiven Kraft der Selbstauflösung« Gestalt.[11]

In verschlüsselten, schmiegsam melodiösen Prosaminiaturen folgt er einem stilistisch präzisen, aber ganz unautoritären Erzählgestus – einer offenen, den lesenden »Partner« einbeziehenden

Ästhetik. Sie wollen, so Wolfgang Maier, der früh verstorbene Freund in der bis zur Wende einzig seriösen Westberliner Zeitung *Der Tagesspiegel*, »nicht belehren oder Seinsabrisse geben, sondern teilnehmen lassen an der Suche nach Mitteln und Formen der Erkenntnis«.[12] Die Kritik war überwiegend beeindruckt von diesem Debut. Wahrnehmungsverweigerung aus Daseinsverdruss, Wirklichkeitsabwehr aus Sinnverlust und Abwesenheit von Gewissheiten, wäre Piwitt, hätte er dieses Gedankengerüst seiner *Herdenreichen Landschaften* radikalisiert, der Beckett der Bundesrepublik geworden?

Als Günter Grass wie schon 1961 auch zur Bundestagswahl 1965 die Werbetrommel für Willy Brandt und die SPD im »Wahlkontor deutscher Schriftsteller« schlug, schloss sich ihm auch Piwitt an – gemeinsam mit Born, Buch, Peter Schneider, Gudrun Ensslin und Bernward Vesper (Vgl. *D*, 45ff. »Abend«: Vesper; »Gut seiner Eltern bei Braunschweig«: Gut Triangel von Will Vesper) u. a. Die Verbindung zur SPD war keine Liebesheirat, nur eine Vernunftehe. Denn immerhin war sie unter den großen Parteien die einzige, die in der Wirtschaftswunderblüte der Nachkriegsjahre auf soziale Gerechtigkeit drängte:

> Die Leute spielten damals alle verrückt, sie waren [...] geradezu besoffen von dem Glauben, ein Mensch könne hierzulande durch Arbeit reich werden, [...] alles war ständig am Räumen und Vorwärtskommen, während sich vor aller Augen die alten Vermögen mit neuen Krediten längst wieder abgesetzt hatten [...]. (*R*, 35–6)

Als die SPD 1966 mit der CDU/CSU die Große Koalition bildete und der Emigrant Brandt mit dem Wehrmachtsoffizier für wehrgeistige Führung Franz-Josef Strauß am Kabinettstisch Platz nahm, kündigte Piwitt sein Einverständnis mit den Sozialdemokraten auf.

Piwitt, der 1966–7 anderthalb Jahre im Rowohlt Verlag in Hamburg als Lektor arbeitete, beteiligte sich in Berlin an Demonstrationen und Veranstaltungen der Außerparlamentarischen Opposition. Karl Marx, dessen Name in *Herdenreiche Landschaften* im sechsten Prosastück 'Ozeana' nur beiläufig fällt, rückte in den Vordergrund. Nur »lückenhaft« freilich, beschrieb Piwitt 1985 rückblickend die späten sechziger Jahre, las und verstand er das *Kapital* von Karl Marx, ein Buch »voller plausibler Erkenntnisse«.

Marxismus wurde zum »Arbeitsmodell«, »um unter bestimmten historischen Bedingungen gewisse Phänomene und Zumutungen« der »Umwelt sich zu erklären und in den (Be-)Griff zu kriegen«.[13] Zum Beispiel den kulturellen Überbau. Piwitt analysierte ihn in Essays, die er zum Teil im *Spiegel*, in *konkret* und einigen Rundfunkanstalten sowie 1971 in seinem ersten Essayband *Das Bein des Bergmanns Wu* als ganzes veröffentlichte. Eine seiner Beobachtungen bestätigte der Satz von Marx: »Es ist nicht das Bewußtsein der Menschen, das ihr Sein, sondern umgekehrt ihr gesellschaftliches Sein, das ihr Bewußtsein bestimmt.« Also sprach er »von Wirtschaft«, von ökonomischen Machtverhältnissen und deren Sprachregelungen. Und bestätigte der Satz von Max Horkheimer: »Wer vom Faschismus spricht, darf vom Kapitalismus nicht schweigen« nicht die sozialdarwinistische Anthropologie des Kapitalismus?

Piwitts erstem Roman *Rothschilds* (1972) liegen Lehrjahre der Politisierung zwischen 1965 und 1968 zugrunde, der Wahrnehmungsveränderung und des Erfahrungswechsels. Sie drängen nach der Beweiskraft der Dokumente und sprengen die literarische Form. In einer Collage aus Dokumentarischem und erzählten Teilen porträtiert Piwitt die fünfziger Jahre. Projektionsfläche ist die Bankenmetropole Frankfurt. Die Figuren: »Robert Rott« (»Robert Gustav Beenken«), ein abgebrochener Schüler, der als Faktotum bei einem Nachlassverwerter finanziell überlebt, und seine Freundin »Rebecca«, ein Mannequin. Sie sind Vertreter einer ziellos dahinlebenden Generation:

[...] viel besser wußten wir es auch nicht. Wir konnten weder vom Krieg erzählen, noch hatten wir auf dem schwarzen Markt auch nur eine müde Mark gemacht, wir waren weder Juden, noch hatten wir welche umgebracht, kurz, was hatten wir vorzuweisen? Wir waren überhaupt nichts und fühlten uns danach. (R, 36)

Nach dem Tod des Vaters hat Rotts Mutter alle Mühe, ihren Jüngsten (von drei Brüdern) »an der Kandare zu halten« (autobiografische Anklänge sind erkennbar). Piwitts Porträt der auf den »mißratenen« Sohn schimpfenden Mutter zählt zu den Höhepunkten in seinem Prosawerk:

[...] sie hatte nichts vom Leben gehabt. Eine Reise nach Cuxhaven. Sparbücher, die plötzlich nichts mehr wert waren. Sie waren betrogen worden, nach Strich und Faden [...]. Vom Kaiser, von Adolf, von der christlichen Partei. Eine ganz normale Familie. Und immer staatstragend. Aber sie hatte nichts begriffen. Sie hatte ihr Leben verhunzt. (R, 30)

Um das seine nicht ebenfalls zu zerstören, entschließt sich Rott – die Liebe zu Rebecca ist gescheitert – zu einem Neuanfang:

wir waren nie Spielverderber. Wir haben immer mitgeblödelt. Ob Me hundertneun oder Dien Bien Phu. Ob Marktwirtschaft oder ewige Liebe. Wir haben ihnen jeden Schwindel geglaubt. Aber es reicht jetzt. Jeder Spaß hat ein Ende. Sie werden uns nicht länger daran hindern, unsere Vernunft zu benutzen [...]. Und sie werden nicht verhindern können, daß wir uns dazu zusammentun. Also los, fangen wir an. (R, 159)

»Fangen wir an«. Doch diese Selbstermunterung bleibt Appell. Denn Piwitt stellt Rotts Entwicklung vom Zuschauer zum Akteur nicht dar, sondern behauptet sie als Schlussakkord. Ein klassischer *Deus ex machina*, wie Uwe Timm in der *Deutschen Volkszeitung* bemerkte.[14]

Der Gesellschaftsanalytiker bedrängt in *Rothschilds* den Erzähler. In kurzen Dossiers führt Piwitt bekannte Fälle von spektakulärer Akkumulation des Kapitals auf: die Quandts, der »Hosenindustrielle« Müller-Wohlfahrt oder den Fall des »Kaufhauskönigs« Horten, zu Vermögen gekommen zunächst durch Arisierung, dann durch Steuerhinterziehung mittels Geldtransfer via Briefkastenfirmen in Lichtenstein. Und war es nicht, so Piwitt, eine der größten Zumutungen der Adenauerära, dass leitende Personen aus dem einflussreichen »Freundeskreis des Reichsführers SS Heinrich Himmler« schon wieder die Schalthebel der Macht bedienten: Karl Blessing als Bundesbankpräsident oder der Industrielle Friedrich Flick. Und was war davon zu halten, dass man sich bei der Bewahrung von Macht und dessen ideeller Absicherung sogar wieder unverblümt des Antisemitismus bediente. Denn das Interesse der Quandts, Krupps, Thyssens, Flicks war,

daß nicht sie, sondern die Rothschilds als der Inbegriff des Reichtums schlechthin erschienen. Die Förderung der Rothschild-Legende gehörte zu ihren »Public Relations« und wurde ergänzt von allerlei vagen Behauptungen, wonach »jüdische Monopolkapitalisten« das deutsche Volk ausplünderten und in Zinsknechtschaft hielten. (R, 58)

Sorgende Neugier

Und war Hitler nicht doch ganz passabel gewesen, da er »die Welt gegen den Bolschewismus aufrief« (*R*, 85)? Leider »versagte« er aber »durch seine Rassenverfolgung« (*R*, 85). War es nicht so, dass die Idolisierung des Privateigentums in Gestalt des »schöpferischen« Unternehmertums vom Christentum ideologisch abgesegnet wurde: als gottgewollte Ungleichheit. Und gerechtfertigt mit dem gleichen Sozialdarwinismus, mit dem der Nationalsozialismus operierte: »Was schwach ist, wird von der Natur ausgemerzt. [...] Aller züchterischer Fortschritt beruht zunächst immer auf der Ausmerzung des Minderwertigen und einem Festhalten des bewährten Blutes« (*R*, 119). Waren das nicht Skandale? Konnte Derartiges einen jungen Intellektuellen nach Auschwitz gleichgültig lassen? Und musste er sich nicht empören über soziales Elend, über die Teilung in Besitzende und Habenichtse, Reiche und Arme? Piwitt zitiert aus der Zeitungsrubrik »Vermischtes« soziale Katastrophen: zum Beispiel das Unglück eines verschuldeten Hausmeisters, der seine Familie auslöscht und auf dem hinterlassenen Zettel erklärt: »Diese Schmach wollte ich ihnen ersparen« (*R*, 48). Oder »ein sich totarbeitender« Mann tötet seine Lebenspartnerin (*R*, 102). Andererseits wird beim Disput über die Qualität von Automarken einer der Streitenden erschossen. Eine sich in Gewalt darstellende Gesellschaft des Zerfalls, deren Bindekräfte lauten: Eigentum, Kapital oder auch Übersinnliches, Okkultismus, Aberglaube und nicht zuletzt Heideggers philosophische Daseinsdeutung *Sein und Zeit* oder auch nur *Wege zur Geistheilung*. Piwitts Befund lautet: »Falsche Programmierungen«. Es handelt sich um die Diagnose »eines engagierten Parteigängers des kämpferischen Antikapitalismus«, dessen Zorn und »Ingrimm«, so der Kritiker Karl Heinz Kramberg, »echt« sind.[15]

So facettenreich Piwitt Zeitgeist und Stimmungslage der Wirtschaftswunderjahre in *Rothschilds* auch einfängt, als Roman leidet er unter »Überdosierung« des Dokuments;[16] Kurzbiografien und Zettelkastenzitate »überwuchern« den Erzähltext.[17] Es bewahrheitet sich, was Piwitt selbst feststellt: dass sich nämlich »deduzieren und dichten« »beißen«.[18] Die politischen Signale, die den einmontierten Zitaten zu entnehmen sind, hat Piwitts Prosa, wie Wolfgang Werth zu Recht anmerkt, »bereits aufgenommen«.[19]

Bausteine zum »positiven Entwurf einer neuen, ganz anderen Gesellschaft« trägt Piwitt auch in seinem zweiten Essayband *Boccherini und andere Bürgerpflichten* (1976) zusammen. Der neue Entwurf hat, denkt er, einen mächtigen Verbündeten: nämlich »das ins Unterbewußtsein abgedrängte Glücksverlangen der Mehrheit«. (*BaB*, 54).[20] So bedeutend, gibt Piwitt zu bedenken, die Rolle dabei ist, die Begriffen wie »soziale Gerechtigkeit«, »Selbstbestimmung« und »Solidarität« zukommt, sie können dennoch nicht verhindern, dass in ihrem Namen »die soziale Ungerechtigkeit der privatwirtschaftlichen Ordnung verewigt werden kann« (*BaB*, 54). Nur das »marxistische Modell der Menschheitsgeschichte« könne tragende Säulen des Kapitalismus zum Einsturz bringen wie die »privatwirtschaftliche Ordnung«; wie die Arbeitsteilung, die den »abhängig Beschäftigten« entfremdet von seinem Produkt; wie den Konsum, soweit er nicht am Gebrauchswert orientiert ist (*BaB*, 41) oder wie Überproduktion und Raubbau an der Natur. Und verringert nicht, eine heute durch die elektronische Revolution in millionenfacher Arbeitsplatzvernichtung bestätigte Vorstellung Piwitts, die durch technische Neuerungen »gestiegene Produktivität die gesellschaftlich notwendige Arbeit«, so dass freie Zeit zum Beispiel bleibt für Weiterbildung (*BaB*, 59)? Da im Parteienspektrum der Bundesrepublik allein die DKP die Forderung nach Sozialisierung der Produktionsmittel erhebt, wird sie von einigen Autoren und Intellektuellen als – angeblich – konsequenteste kapitalismuskritische Partei unterstützt: durch Beitritt oder indem sie wie Piwitt »wie immer DKP wählen« ('Bei Durchsicht meiner UZ's', *BaB*, 149). Ein *sacrificium intellectus*? In der 1995 geschriebenen General-Abrechnung 'Katatonie und Geselligkeit' erklärt Piwitt, dass »keines Bedauerns wert ist [...], was jenseits des ehemaligen Eisernen Vorhangs an Staat verschwunden ist«, also auch die DDR. Andererseits hält er im Interview in diesem Band von 1999 die Option für einen dritten Weg des Sozialismus aufrecht: »Unentfaltete Leute versuchten sich mit Gewalt an etwas Richtigem: nämlich einen alternativen Markt für die Leistungsschwächeren der Erde aufzubauen. [...] Sozialismus geht halt nicht auf Anhieb; den muss man üben«.[21] Wie ein sozial gerechter Gegenentwurf zum Privatisierungsfundamentalismus des Neoliberalismus aussehen soll, in welchem Ausmaße Produktionsmittel vergesellschaftet werden sollen, läßt Piwitt offen.

Auch wenn Piwitt wie eine Reihe anderer Autoren Ende der sechziger Jahre die DDR-gesteuerte (in welchem finanziellen Maße auch wurde erst nach der Wende bekannt) DKP und ihr Organ »UZ« romantisieren (zum Beispiel in der Formulierung: »wie die Menschen bei uns leben und arbeiten und warum gerade so, das erfährt« man »nur aus der UZ« (*BaB*, 141)), so macht er sich trotz aller Sympathiebekundungen doch nicht zu ihrem Sprachrohr. Er bleibt auf Distanz, beklagt die »Gleichsetzung von Kritik an der SU mit Antikommunismus« und wirft der DKP »Wunschdenken, Gesundbeterei und Selbstbetrug« vor (*BaB*, 143, 148). Dann zeigt er ihr »Dilemma« auf: »dass sie einerseits lediglich einen schlecht und recht bestehenden Sozialismus« – den in DDR und Ostblock – »als nacheifernswertes Vorbild propagiert und andererseits, unter Hinweis auf die widrigen Entstehungsbedingungen dieser Art von Sozialismus ständig um mildernde Umstände für ihn bitten muß« (*BaB*, 148). Die SPD – in der Piwitts Hamburger Freund, der Rowohlt-Lektor Freimut Duwe, Karriere macht – scheidet nun durch ihre Zustimmung zur freien Marktwirtschaft, zur »Wirtschaftsform« des »räuberischen Wirtschaftens«, aus; statt sich dazu etwas einfallen zu lassen, nur: »Sozialtherapie« (*KH*, 101).

Macht, mächtige Interessen erteilen Sprecherlaubnis jenen, die ihre Sprachregelung befolgen; im Zweifelsfalle sie zu tarnen wissen. Und die dafür Sorge tragen, dass das ihnen gemäße Bewusstsein sich auch in der Form des Vorurteils erhält: »Ein gesundes Vorurteil strafft noch dem Elendsten das Kreuz« (*BaB*, 11). Festgesetzt als Schlagwörter, prägen sie das Bild, das man sich von der Wirklichkeit machen soll. »Als System von Freund- und Feindbildern, als System von – positiven oder negativen – Denunziationen« (*BaB*, 97) lagern sie sich vor unsere Wahrnehmungen. Der Essayist und Erzähler Piwitt ermuntert dazu, dieses »System« aufzubrechen und Souverän seiner Wahrnehmungen zu werden. Vor das »Deduzieren«, die Ausbreitung abstrakter Begriffssprache, stellt Piwitt dabei das unmittelbare Beschreiben dessen, was zu sehen, zu riechen, zu fühlen ist. Denn nicht nur geht die Anschauung der Begriffsbildung voraus, es gibt sogar »einen gewaltigen Rest« (*KH*, 12), bei dem politisch-ökonomische Theorie und Soziologie nichts vermögen. »Selbst wenn wir es wären, der neue Mensch: auch dann bliebe ein Rest von Einsamkeit, Angst, Entbehrung« (*KH*, 100).

Das anschaulich-sinnliche Beschreiben, das »Dichten«, ist ebenso ein »Weg zur Wahrheit« wie »der logisch-diskursive Weg der Wissenschaft« (*BaB*, 87). Agitprophafte Bebilderung von Dogmen hingegen missachtet das. Der Adornoschüler Piwitt läßt das Agitprop-Pflichtfach links liegen und besteht auf der Autonomie der Kunst. Kunst ist nicht mit politischer Handlung zu verwechseln, sie ersetzt kein Tun. Im »günstigten Fall [...] ist« sie »am Entstehen einer politischen Stimmung« (*D*, 83) beteiligt. Erstrebenswert sind in jedem Falle die avanciertesten »literarischen Produktionsmittel« (*BaB*, 100). Erstes Qualitätsmerkmal der Dichtung ist die »Besessenheit auf den genauen, und das heißt immer: verrückten ästhetischen Ausdruck« (*BaB*, 63). Wo es wie in literarischen Texten um jedes Wort geht, wird das Klischee gesprengt: »das uns Angebiederte, blind Vertraute« (*BaB*, 108). Sprache, ein Seismograph fürs Wahre und Falsche, kann anzeigen, ob etwas Lüge oder nur Konvention ist oder nicht. Leitet sich das »Schöne« etymologisch nicht vom Schauen, vom genauen Hinsehen ab?

Indem Piwitt sich dogmatischen und kunsttheoretischen Vorgaben widersetzt, macht er sich als Erzähler frei. In seinem zweiten Roman *Die Gärten im März* (1979) materialisiert er Gesellschaftskritik in Sinnlichkeit und Phantasie, löst er sie in ein kaleidoskopartiges Ensemble von Bildern, Menschen und Szenen auf. Wie alle Piwitt-Romane sprengt auch *Die Gärten im März* die Form des konventionellen Romans. Aus wechselnder Perspektive beschreibt er die Gesellschaft der Bundesrepublik der ausgehenden siebziger Jahre. Ein krankgeschriebener Drucker, der Icherzähler, schreibt die Geschichte seines Freundes Ponto auf. Dabei helfen ihm Tagebücher und Notizen des Toten, der eines Tages spurlos verschwand. Ponto, abgebrochener Jurastudent, Gelegenheitsarbeiter, bewohnte am Rande Hamburgs ein altes Landhaus mit allerlei Tieren. Wer war dieser Ponto? Ein Naturbursche und Aussteiger, der »sich selbst auf die Spur« kommen wollte und der sich dem Verschleiß der Warengesellschaft widersetzte; ein unbehauster »kaputter Typ«, Opfer ewiger Lebensangst.

Piwitt denunziert seine Figuren – Ponto, den Icherzähler, dessen konsumorientierte Frau – nicht; sie verkörpern vielmehr Haltungen und Möglichkeiten in einem widerspruchsvollen Ganzen. Gleichwohl: Piwitt formuliert die Utopie von Selbstbestimmung, Solidarität und sozialer Gerechtigkeit.

»Der Künstler«, zitiert Piwitt aus Schillers *Briefen über ästhetische Erziehung,* »ist zwar ein Sohn seiner Zeit, aber schlimm für ihn,

Sorgende Neugier

wenn er zugleich ihr Zögling oder gar ihr Günstling ist«. Weder Zögling noch Günstling, sondern Verfechter eines anderen Entwurfs, einer »Gegen-Wirklichkeit« zum »Wahnsystem Realität«, dieser intellektuelle Selbstentwurf schließt auch die Bewahrung der Natur ein. In der Erinnerung des Fünfundvierzigjährigen – in *Deutschland. Versuch einer Heimkehr* – lebt die Kindheit wieder auf als »abgeschottetes Glück« und »unheimliches Idyll«. In atmosphärischen Stimmungsbildern beschwört Piwitt den »Kindheitszauber«, das Schwimmen in Prielen und Flüssen, den täglichen Umgang mit der Natur in unzersiedelter Landschaft. Und dann: »Der Südostwind trieb grüngelben und roten Qualm von den Hamburger Stahlwerken herüber. In den Gräben, aus denen früher die Kinder Hechte, Superguppies, Aale und Schleie fischten, stand pflazenschutzmittelgeschwängerte Brühe« (*D*, 77) Piwitt verhilft »der unterdrückten Natur zur Stimme«. Er ist ein Wertkonservativer: »Der Wertkonservative [...] ist darauf aus, das Brauchbare am Überlieferten gegen das bloß Moderne zu verteidigen, um die Zukunft zu sichern.« Piwitt – »der Ökologe vor der Zeit« (*D*, 80).

Piwitt folgt in *Deutschland. Versuch einer Heimkehr* den Spuren seiner Vorfahren, den Rabelers, die seit 1769 auf der Elbinsel Finkenwerder leben (*D*, 73ff.). Sein Großvater war 1895 mit seinem Ewer untergegangen. Die Großmutter besaß in der Großen Elbstraße am Fischmarkt ein Mietshaus, Johann Cohrs, der Urgroßonkel, ließ die Altonaer Fischhalle bauen.

Der Italien-Kenner und -Liebhaber Piwitt – 1971–2 war er Stipendiat der Villa Massimo in Rom, danach etliche Reisen durch die Halbinsel, »Ausschwimmen« in Sardinien – verlagert den Schauplatz seines dritten Romans *Der Granatapfel* nach Oberitalien. Piwitt fragt nach der intellektuellen Moral des »imperialistischen Intellektuellen«: »Wenn denn D'A. (=Annunzio) ein geistiger Mensch, ein Intellektueller war. Wieso haben dann Begriffe, die wir gemeinhin mit dem »Geist« verbinden – Humanismus, politische Moral – für ihn keine Gültigkeit, obwohl er sich und andere für Ideale sonst ständig begeisterte?«[22] Gabriele d'Annunzio, Piwitts Vorlage für seine Romanfigur Gianbattista Taumaturga, erzählt, 80 Jahre alt, auf seinem Alterssitz Gardone am Gardasee Episoden aus seinem von Legenden und Mythen umwobenen Leben. Taumaturga, ein Hedonist und Frauenheld, läßt sich leiten von »Eroberungslust« und »Jagdinstinkt«:

Im Moment der Tat immer mit mir im reinen. Keine Schweinerei, die nicht vom Herzen kam. Ich habe mir etwas dabei gedacht. Etwas anderes. Etwas zweites. Skrupel womöglich. Hintergedanken. »Gewissen«. Nicht, daß mir Reue fremd war. Ich konnte bereuen, daß kein Auge trocken blieb. Alles bedauerte ich. Aber Gewissen? Was ist das? Eine deutsche Erfindung? [...] Und immer volle Kraft voraus. Die Segel im Wind durch eine Welt, die nun einmal war, wie sie war – das war das ganze Einmaleins. (G, 50)

Piwitt zeigt Taumaturga-d'Annunzio als Spielernatur und »schwadronierenden traurigen Clown«,[23] als eitlen, erotomanen Narziss, der sich und sein Leben als Kunstwerk inszeniert.

Das erotische Verhaltensmodell gilt auch für das ästhetische und moralisch-intellektuelle: immer »die Segel im Wind«. Dabei ist Taumaturga keineswegs nur Negativfigur, nicht nur »bornierter Konservativer im radikalen Aufputz, Macho, Nationalist«,[24] sondern auch sympathischer Schelm, »picaresker« Betörer.

Vergangenheit ist in *Der Granatapfel* zugleich Spiegel der Gegenwart: Abgefedert durch ausführliche historische Recherchen zu d'Annunzio und seiner Zeit,[25] zieht Piwitt die Parallele von der Zeit nach der Gründung des italienischen Staates, um 1880, zur Gegenwart in der Bundesrepublik von 1986:

Ein allgemeines Sinndefizit ist die Folge im Verein mit Zynismus: Die intellektuellen Moden kommen und gehen. Buddhistisch, theosophisch, indisch. Der »Zeitgeist« schminkt sich immer neue Masken an [...]. Geschichte scheint sozusagen – Posthistorie! – zum Stillstand gebracht und dient nur noch als Zitat. Mythos statt Geschichte. Dasein statt Gesellschaft. Nichts wird von der Jeunesse doré mehr als notwendig, also not-abwendend empfunden. »Anything goes.«[26]

Wende und Vereinigung, den Zusammenbruch des Ostblocks, das Verschwinden des Staatssozialismus sowie die Erklärung des Kapitalismus zum Sieger der Geschichte führen zu einem Epochenwechsel. Eine tiefe Zäsur, die Piwitt vorübergehend verstummen läßt. »Es hat mir vor Ekel«, erklärt er im April 1993 im Gespräch mit dem *konkret*-Redakteur Stefan Rosinski, »die Sprache verschlagen; zumindest die politische. Ekel wovor? Sagen wir besser: wovor nicht? Ein paar Freunde und Freundinnen, ein paar menschliche Blauwale hier und da, Tiere, Pflanzen, ein paar

Kunststücke, die Sonne«.[27] Allenthalben beobachtet er: Der intellektuelle Opportunismus treibt Blüten. Nicht zu überhören: Laute Meinungsumschwünge, anschwellende Bocksgesänge bei wachsender Neigetechnik nach rechts, aber auch scharfe Links-Rechts-Kehren von heute auf morgen. In Wolf Leppenies' *Aufstieg und Fall der Intellektuellen in Europa* liest Piwitt in eindimensionaler Argumentation, dass Intellektuelle als geborene Melancholiker sich kompensationshalber Utopien erträumten und damit nur Unglück heraufbeschwörten – siehe Faschismus und Stalinismus. Und dann den Satz: »Was den Intellektuellen heute noch bleibt, ist die raffinierte Umschreibung und Kommentierung des Common sense.« Common sense der Nachwende wird, dass der freie Markt zur Religion aufsteigt – und mit ihm die kapitalistischen Signalwörter Deregulierung, Privatisierung und Globalisierung. Zum Schicksal erklärt wird, dass in der High-Tech-Welt menschliche Arbeitskraft immer weniger gebraucht wird und dass bei Ankündigungen von Entlassungen Aktien sogar hochschnellen. Weder SPD noch Gewerkschaften reden noch vom skandalösen Widerspruch, der zwischen gesellschaftlicher Produktion und privater Aneignung besteht. Aber hat sich denn, gibt Piwitt zu diesem Tanz ums Goldene Kalb zu bedenken, an dem Sachverhalt etwas geändert, »daß die Arbeitsleistung von abhängig Arbeitenden mehr wert ist als der Lohn, den sie dafür erhalten, daß sie mithin über die Verwendung des Mehrwerts mindestens mitbestimmen müßten«?[28] Müßte der von Maschinen produzierte Wert nicht sozial gerechter verteilt werden? Und die Dritte Welt? Stattdessen: Der Kapitalismus als geschlossenes System des Kapitalflusses.

Schon 1981 beschrieb Piwitt die Auswirkungen der Globalisierung von heute:

Es gibt nichts Heimatloseres, Entwurzelteres, Ahasverhafteres als das Kapital. Es hetzt um den Globus auf der Suche nach Steueroasen, Niedriglohnländern und Friedhofsklima für Investitionen, wo es sich an fremder Arbeit mästen kann. Es stößt das nationale Proletariat, dem es sich verdankt, in Arbeitslosigkeit zurück. (D, 166)

Piwitt beklagt »das Verschwinden jeder gründlichen geistigen wie materiellen Alternative zum katastrophal Bestehenden«: »Ich meine die Hypertrophie der Spezies selbst an Zahl und Werkzeugen, die sie nicht mehr beherrscht. Öltanker, Banken, auf denen Billionen liegen, während Millionen Menschen hungern, der

Totalitarismus der audiovisuellen Medien; das Verschwinden der Arten, von Luft, Wald und Wasser«.[29]

Das »katastrophal Bestehende« hat Folgen auch für die Erzählform. Ekel und Enttäuschung inspirieren Piwitts vierten Roman *Die Passionsfrucht* (1993). In ihm kehrt der Achtundfünfzigjährige zurück zu seinen Anfängen, zur Erzählung 'Die Heimkehr', in der er am Beispiel der Verweigerung des Aufwachens einen allgemeinen Wahrnehmungsverzicht aus Verdruss beschreibt. Ins Sprachbild gesetzt wird nicht weniger als die Auflösung eines Stoffes, Themas und einer Person; schon die ersten -- elliptischen – Sätze der *Passionsfrucht* schlagen das Thema des Romans an: »Diese Quälerei schon mal, ich zu sagen. Zu etwas, das. Ich. Zu jemandem, der. Ja. Und schon verplappert. Ich: nicht zu fassen! Also noch einmal. Von vorn. Und schon wieder am Ende« (*P*, 7).

In einem Konzeptpapier hat Piwitt seine Intention in dem Satz zusammengefasst: »Mit dem Versuch, zu einem Ich zu gelangen, scheitern«.[30] Dieses Scheitern der Ichmodellierung und –behauptung erinnert an Hugo von Hofmannsthals *Brief des Lord Chandos*, der Rechenschaft über eine tiefe künstlerische und existenzielle Krise gibt. Aus dem Zustand »andauernder Trunkenheit« in einen Zustand der Leere verfallen, zerfallen Worte und Begriffe wie »modrige Pilze« im Mund. Was sich zuvor in einem alles tragenden Zusammenhang befand, löste sich auf in Teile, in Reste.

Wie *Rothschilds* besteht auch *Die Passionsfrucht* aus Bildern, Szenen, Erzählpartikeln, Fragmenten, Episoden, Assoziationen. »Roman als Zitat, wo wie der klassische Mahler (der Komponist) nur noch Sinfonien ›zitiert‹. Roman als Ruine, in der es vielfältig und vielstimmig nach Roman aussieht. Roman als Ruine – und Steinbruch (Materialsammlung!). Verwilderter Roman«.[31] In *Die Passionsfrucht* folgt der alternde Kunstprofessor und Aquarellist Mahler seiner Italiensehnsucht. »Süden des Herzens« soll das Buch heißen, das er am Gardasee schreiben will, in Salò, unter Mussolinis Sitz der letzten faschistischen Regierung, und in Gardone, dem luxuriösen Alterssitz des Dichters Gabriele d'Annunzio. Damit knüpft Piwitt an den d'Annunzio-Roman *Der Granatapfel* an.

Mahler lernt den einheimischen Tischler Dario Rizzo kennen, der ihm von seiner Zeit als Partisan in der »Resistenza« und von d'Annunzio erzählt. Eingebettet ist die »Romanruine« durch die Liebesgeschichte zwischen Mahler und Carla, einer jungen, lebensfreudigen Künstlerin, die Botticellis *Frühling* entstiegen ist. Carla ist

Antipodin zu Mahlers Wirklichkeitsverweigerung und Lebensekel: »Ihr, sagt sie, ihr mit eurer ewigen ›Wirklichkeit‹ aus gestern und morgen. Immer ist gerade etwas voraus-, voran- und verlorengegangen. Aber morgen dann vielleicht das Leben, der Sinn [...]. Das Heute. Die Augenblicke. Anmutungen, Düfte, Valeurs, schweifende Intensitäten!« (P, 78–9).

Während Carla lebenswerte Zukunft symbolisiert, zieht Mahler sich wie Shakespeares *Timon von Athen* zurück, drückt er wie Horstmanns »Untier Mensch« den Wunsch nach einer menschenlosen Erde aus: »Wunsch, daß der Mensch die Erde verlassen habe, und von der glücklich überstandenen Seuche berichten zu können als Tier, das überlebt hat; in dessen Sprache« (P, 46).

Mahler verschlägt es regelrecht die Sprache, sie zerfällt in Ellipsen, bloße Worte, stilistisch in das Wort-Staccato. Der Versuch der Ichbildung scheitert. Verstummen, Erstarren, Katatonie sind ein »letzter Versuch, der Gewalt zu begegnen, ohne sich ihr zu unterwerfen«.[32] Eingewoben hat Piwitt – wie schon in früheren Texten – auch in *Die Passionsfrucht* literarische Verweise, Zitate und Rätselspiele: »Fisch als Symbol für Christi Opfertod, Körper als Garten der letzten Dinge, Gehängte in Weinreben«.[33] Gerd Helms[34] hat einige dieser Zitate und Embleme bei Goethe, Eichendorff und Trakl wiedergefunden. »Sogar ein ganzes Mörike-Gedicht – 'Das verlassene Mägdlein' – erscheint, in Prosa. Stendhals Brulard meldet sich. Und die Knallcharge Dimmi jubelt in den Worten von Flauberts St. Antoine.« *Die Passionsfrucht* ist ein bildungsreich, mit Zitaten, Emblemen und Rätseln bestückter Text.

Nach dem Verlust von Utopie scheinen Wirklichkeit und Sprache nur noch als Fragment verfügbar zu sein, in der Form des Sprachsplitters. Radikalisiert hat Piwitt dies noch einmal dem Prosatext *Ein unversöhnlich sanftes Ende* (1998). Hat er in der *Passionsfrucht* in der Person des alternden Kunstprofessors Mahler noch eine – wenn auch versuchsweise – Hauptfigur konstituiert, so ist es in *Ein unversöhnlich sanftes Ende* nur noch ein der »Reisende« genannter Namenloser, der 28 Skizzen und Miniaturen einen losen Zusammenhalt gibt. Piwitts »Reisender«, ein sechzig Jahre alter Schriftsteller, hinter dem sich Piwitt selbst zu erkennen gibt, ist zumeist in der »Territorium« genannten Bundesrepublik unterwegs. Beobachtetes und Erlebtes werden dabei einmal in zumeist wenige Seiten zählenden Augenblicksbildern aneinandergereiht: So erzählt Piwitt in lapidaren Worten von der Unfreundlichkeit einer

Verkäuferin und der Freundlichkeit eines Kunden. Im oft besuchten Freibad am Rande der »Hafen-Metropole« – Hamburgs – verfolgt er, wie eine junge Familie sich zwanglos auf einer Wiese lagert, und er skizziert das sanfte Ritual, mit dem ein Zwölfjähriger eine Dreizehnjährige umwirbt; schildert die Koketterie eines sich modisch kleidenden Teenagers. Dann wieder findet Piwitt für das Ambivalente schrillere Töne: Als er das Gesicht einer »schönen Drogistin« in Worten ausgemalt hat, heißt es, als sie ihre Stimme hören ließ: »eine quäkende, fiepsende, flache, rundum grauenhaft banale, kurzum vernichtende Stimme« (usE, 36). Piwitt versieht seine Geschichten zuweilen mit sarkastischen Pointen. Nachdem er zum Beispiel intensiv und detailliert beschrieben hat, wie sich sein Icherzähler durch einen verrotteten Hof und Garten hindurchgekämpft hat zur in einer Scheune gezeigten Ausstellung seines Malerfreundes – einer Ausstellung abstrakter Bilder –, trifft er dort kaum Publikum; und die ihm entgegenkommende Köchin des Hauses erklärt, dass sie »nun mal Spitzweg« bevorzuge (usE, 79).

Piwitt zieht seinen längeren Prosastücken doppelte Böden ein. Harmlos Alltägliches gewinnt auf einmal höchste Brisanz. So wird in 'Eine üble Geschichte' (usE, 42ff.) ein freundlicher Mann, der auf der Bank eines Kinderspielplatzes Zeitung liest und auf dessen Knie einmal ein Kind klettert, von aufgeregten Müttern verdächtigt, sich an ihren Kindern zu vergehen. Piwitt läßt zwischen den Zeilen gleichsam das hysterische Klima wachsen, ein Klima, in dem Katastrophe und Trauma des sexuellen Kindesmissbrauchs sich in frauenbündischem Einvernehmen so sehr in Köpfen festgesetzt haben, dass falsche Verdächtigungen in die Welt gesetzt werden. In Piwitts zerrissener Welt herrschen das Erschreckende und das Erschrecken vor. In ihr brennt ein kommunaler Gärtner, der »gern einmal die Weltherrschaft gehabt« ('Herr Hausstand', usE, 141ff.) hätte und der nun, alt geworden, resigniert auf sein Leben zurückblickt, die aus Decken und Kartons zusammengefügte Behausung eines Obdachlosen ab; blickt eine kranke ältere Frau zurück auf ein Leben der Kränkungen und Enttäuschungen, auf eine von Schlägen und väterlicher Missachtung gezeichnete Kindheit ('Die Eroberung von Harlem', usE, 124ff.). In Piwitts Romanbild gibt es mehr Verlierer als Gewinner. In der Skizze 'Geschlossene Gesellschaft' (usE, 12ff.), in der vom Westberliner Medienkonzern der ostdeutsche Herausgeber einer Ost-Zeitschrift verabschiedet wird, sitzt das Personal der »Übernommenen« auf den Rängen, im Parkett aber haben die siegreichen Führungskräfte aus Wirtschaft und Politik Platz genommen. Unterwegs im »Territorium«, berichtet Piwitts »Reisender« von einem sich ausbreitenden Leiden: Jahr für Jahr nimmt in Parks, auf Märkten und Verkehrsknotenpunkten die Zahl der Bettler und Obdachlosen zu. Und immer mehr von denen, die durch ihre Arbeit das Land zum Erblühen gebracht und die »Gewinne ihres Fleißes« (usE, 38) der herrschenden Kaste – den »Creadores« – anvertraut haben, verlieren ihre Arbeit, überflüssig gemacht durch die von ihnen erarbeiteten Maschinen. Dennoch beten sie das neoliberale Credo der neunziger Jahre nach: »Im unerschütterlichen Glauben, daß ein Auskommen für alle nur über die Bereicherung weniger zu erzielen sei, hoffen sie, daß es ihnen wieder gutgeht, wenn es nur den Creadores immer besser geht« (usE, 41).

Es sind Schillers Günstlinge und Zöglinge, die heute intellektuellen Verrat begehen, in dem sie die neoliberale Ideologie als *ultima ratio* anpreisen. Ein Heer von »Gei-Fei's«, von »Geistes- und Gefühlsarbeitern« – von Brechts Tuis – verbreiten in Zeitungen und Fernsehanstalten die Geschichte von der »Großherzigkeit« und dem »Schöpfertum« der Creadores, die »trotz ihres Überlebenskampfes« (usE, 40f.) noch immer Arbeitsplätze aufrechterhielten, die sich nicht »rechneten«. Statt zu fragen nach Gerechtigkeit in der Verteilung gesellschaftlicher Güter sehen sie aufs Eigenwohl. Statt in »sorgender Neugier« sich für die Lebensverhältnisse Schwächerer zu öffnen, betreiben sie das Geschäft der Zöglinge und Günstlinge.

In Piwitts von Brecht inspirierter Parabel 'Bericht des Reisenden' (usE, 37ff.) wird dem real existierenden Kapitalismus luzide die Diagnose gestellt; und im Flugzeug auf der Fahrt in ein asiatisches Wirtschaftswunderland dann brechen sich Enttäuschung und Verzweiflung Bahn in einer fäkalisch instrumentierten Schimpfkanonade über den status quo:

> Wie riesige, in der Sonne glänzende Raffinerien saßen die Orte dem Erdboden auf. Dann rafften sich nur noch scheinbar leblose, baumlose Gebirge hoch, graubraune, kahle, wüste Vergratungen, die kein Ende nehmen wollten, schwarze, hartgebrannte Kacke überall; und nun wirklich wich Scheiße nur noch unter Scheiße weg und wurde durch Fenster, an denen mehr und mehr Blenden hochgingen, von Scheiße oben betrachtet, die sich von der Scheiße unten in nichts unterschied, außer, daß sie in zehntausend Metern Höhe über Scheiße hinwegflog. (usE, 88)

Auch die mögliche Gegenwelt, ein Kastell in einem italienischen Bergdorf, in dem der Reisende und seine Frau ihren Lebensabend verbringen wollen, ist kein Paradies ('Südlich des Territoriums', *usE*, 92ff.). In ihr geht es zu wie im »Territorium«: Landschaft wird zubetoniert, Gewalt greift um sich, Leben zeigt sich in seinen Entstellungen als einziger Alptraum. In Piwitts Roman-Welt tun die Menschen überall das gleiche: »nämlich einen Dreck zusammenzuleben« (*usE*, 161), spielen sie »Clowns ihrer Defizite« (*usE*, 178). Piwitt, der literarische Chronist der Bundesrepublik, berichtet von »Otrotodnom« (*usE*, 37ff.), von *mondo torto*, einer verkehrten Welt, die Anlass zu illusionsloser Melancholie gibt:

> Es werden Meeresbuchten zugeschüttet zur Bodengewinnung. Zugleich wird Getreide ins Meer geschüttet. Dann werden Meeresbuchten ausgebaggert wegen der Schiffahrt. Aus dem Schlick werden Berge gebaut wegen des Fremdenverkehrs. Welche applaniert werden, damit Getreide angebaut werden kann; das man ins Meer schütten kann, das aufgeschüttet wird usw. usw. (*usE*, 39)

Wie der Satiriker Jonathan Swift registriert Piwitt solches paradoxe Tun mit beißender Ironie; wie *Timon von Athen* würgt Ekel über seine Artgenossen Piwitts Reisenden, und zum unversöhnlich sanften Ende macht er (in: 'Brouwer', *usE*, 152ff.; 'Vom Reisenden', *usE*, 181ff.) noch einmal deutlich, womit man dem mit Bitterkeit wahrgenommenem Altwerden und der Leere der Gedanken entkäme: mit »kindlichem Mitgefühl, der Uneigennützigkeit der Jugend, vermessener männlicher Empörung« »über die eingefleischten Formen räuberischen Wirtschaftens mit Natur und Menschen« (*usE*, 183f.).

Auch in *Ein unversöhnlich sanftes Ende* setzt der Dreiundsechzigjährige mit Sprachlust und Musikalität Akzente des Schönen, etwa wenn er sich wie immer intensiv auf Farben und Formen, Gerüche und Geräusche, Pflanzen und Vögel, Wind und Wetter einläßt. Noch immer hält er es dabei mit Schillers Ansicht, dass der Dichter zwar ein Sohn der Zeit ist, nicht aber ihr Günstling sein sollte.

Notes

[1] 'Katatonie und Geselligkeit. Eine General-Abrechnung', Vortrag, Universität Hamburg, Januar 1996; auch im *Deutschlandfunk*, 13. Februar 1996.

[2] Matthias Altenburg, 'Bei allem Gerede um den Tod der Literatur – eins wird nicht aussterben: Das Erzählen und der Spaß daran', in Matthias Altenburg (ed.), *Fremde Mütter, fremde Väter, fremdes Land* (Hamburg, Konkret Literatur, 1985), 97–113 (99).

[3] Altenburg, 100.

[4] Altenburg, 103.

[5] Ein genaues Porträt der Eltern gibt es auch in *Deutschland. Versuch einer Heimkehr*.

[6] Vgl. oben, 10.

[7] 'Schlußbilanz oder: Die Austreibung der Vernunft aus dem geistigen Leben', *konkret*, No. 7 (1998), 55.

[8] 'Schlußbilanz', 55.

[9] Altenburg, 102.

[10] Die Freundschaft mit Born (»Brandes«) bleibt bis zu Borns frühem Tod 1979, auch wenn Born und Piwitt jeweils andere Wege gingen. Vgl. *D*, 70ff. Born, so Piwitt, habe sich Mitte der siebziger Jahre auf »Burg Todeslust« eingerichtet: »Sein Spott galt nun der Linken«.

[11] Wolfgang Werth, 'Reden ins Leere', *Die Zeit*, 18. Mai 1965.

[12] Wolfgang Maier, 'Landschaft des Gedächtnisses', *Tagesspiegel*, 25. April 1965.

[13] Altenburg, 107.

[14] Uwe Timm, 'Die Rotts und die Rothschilds', *Deutsche Volkszeitung*, 30. November 1972.

[15] Karl Heinz Kramberg, 'Rotts verlorene Zeit', *Die Zeit*, 13. Oktober 1972.

[16] 'Rotts verlorene Zeit'.

[17] Hans Christoph Buch, 'Die Zeit von Baby Doll', *Der Spiegel*, 8. Januar 1973.

[18] Altenburg, 106.

[19] Wolfgang Werth, 'Die fetten Jahre', *Deutsche Zeitung*, 12. November 1972.

[20] Vgl. auch *Deutschland. Versuch einer Heimkehr*.

[21] Vgl. oben, 12.

[22] Notiz zu *Der Granatapfel*, Piwitt-Archiv.

[23] Vgl. Piwittbrief vom 12. Januar 1991, Piwitt-Archiv.

[24] Notiz zu *Der Granatapfel*, Piwitt-Archiv.

[25] Vgl. Piwittbrief vom 12. Januar 1991, Piwitt-Archiv.

[26] Notiz zu *Der Granatapfel*, Piwitt-Archiv.

[27] 'Spielmaterial für ein Endspiel. Gespräch mit Stefan Rosinski', *konkret*, No. 4 (1993), 60.
[28] 'Katatonie und Geselligkeit'.
[29] 'Spielmaterial für ein Endspiel', 60.
[30] Notiz zu *Passionsfrucht*, Piwitt-Archiv.
[31] Notiz zu *Passionsfrucht*, Piwitt-Archiv.
[32] 'Aus einem fremden Land', *konkret*, No. 3 (1994), 60.
[33] Notiz zu *Passionsfrucht*, Piwitt-Archiv.
[34] 'Metaphysical Joke', Piwitt-Archiv.

5

Looking back: Piwitt, *Rothschilds* and the German Student Movement

INGO CORNILS

'*Es ist Aufgabe des Schriftstellers, die Realität, nicht die Fiktion zu erfinden.*'[1]

In his autobiography, Marcel Reich-Ranicki recalls the reactions of West German writers to the challenge of the German Student Movement, and points out that many did not hesitate to join a political and social movement which held art and literature in very low esteem.[2] In fact, he continues, many intellectuals at the time had lost their bearings, which makes him wonder: 'suchten sie vielleicht nur deshalb so intensiv Zuflucht bei der Politik, weil sie mit dem Dichten nicht mehr recht vorankamen?'[3]

Hermann Peter Piwitt, it will emerge from this chapter, managed to steer an impressively independent course through the shockwaves of the student revolt. He had sympathy and respect for what the students were attempting to do, but he also kept a critical distance, in particular when it came to the question of how far literature could be 'instrumentalized' to further their cause. Like most of his colleagues, he closely observed the development and manifestations of their political ideology,[4] and followed their progress and ultimate defeat with acerbic wit in various essays and poems, for example in the 'Memorandum zur Gründung der DKP' from 1969:

> Wieder in Berlin bin ich zu spät zur Revolution . . .
> Langsam versteift sich die Lage zur Idylle.
> Aus Straßenschlachten gingen zu allem entschlossene Gastronomen hervor.[5]

Furthermore, his political stance was uncompromised: in 1969 he left his job as *Lektor* with Rowohlt in protest against the publisher's collusion with the German Ministry of Defence in smuggling anti-communist pamphlets into East Germany.[6]

But, most importantly, it was during the days of the German Student Movement and its aftermath that Piwitt developed his own unique style: the blend of experimental prose and undogmatic critique of society which has since become the trademark of the 'engaged writer', while his theoretical understanding of the underlying causes of the revolt forms the basis of his second major prose work, *Rothschilds* (1972).

This chapter offers an analysis of *Rothschilds* and the theoretical debates which Piwitt was engaged in during the early 1970s. My main focus will be on Piwitt's clash with fellow writer and communist Uwe Timm. The way these two challenged and attacked each other illustrates their 'critical solidarity' and tells us something about their understanding of what is required of an author trying to portray reality and link the portrayal to his cause.

Rothschilds

The title stands for the 'System Rothschild',[7] that is, the conservative restoration of (West) Germany in the 1950s. It refers to the quiet return to power by industrialists such as Alfred Krupp, who was sentenced as a war criminal.[8] Such people had bankrolled Hitler and, after the war, managed systematically to hoodwink the West German population into believing that they had a new political and economic order, a belief that would not be challenged until the 1960s.[9]

Rothschilds shows the *effects* of this restoration on young people, through the eyes of Rott. Rott lives in Frankfurt in the late 1950s and helps out in the workshops of an 'entrepreneurial' antique dealer who buys up old furniture by the truckload from unsuspecting and naive country folk and, in times of high demand, 'ages' the pieces by letting them rot for a while in damp, fungus-infested cellars.

The rot, the feeling of decay and corruption, is all-pervasive in the novel; and it is the central image that characterizes the era as a whole. The narrator, an older and wiser version of the young Rott of the 1950s, comments :

> Das Alte stiftet Intimität. Unter alten Sachen vergißt es sich schnell, wie frisch ergaunert das Geld ist, mit dem sie erworben sind. Vom Alten bis zum Ewigen ist es nur ein Schritt. Hat der Reichtum erst einmal

Patina angesetzt, hören die Armen auf, nach seiner Herkunft zu fragen. (R, 108)

Rott's only friend is Baldus, a failed pharmacology student who experiments, prepares and deals in home-made schnapps, amphetamines and barbiturates. He is one of countless war orphans, who is still searching for his father. Ironically, it turns out that his father, a fascist war criminal, has indeed survived the war, and, through cunning and 'industry', built up a flourishing mail-order business for homoeopathic medicines which satisfy the imaginary needs of the gullible German public.

Rott hopes to become an actor (neither he himself nor the reader has any idea why). Perhaps this is Piwitt's point, for Rott's generation is one of losers and latecomers :

> Wir arbeiteten ziellos herum, wir steckten in gestopften Hemden und blanken Velours, wir trauten dem Schwindel mit der Tüchtigkeit nicht, aber viel besser wußten wir es auch nicht. Wir konnten weder vom Krieg erzählen, noch hatten wir auf dem schwarzen Markt auch nur eine müde Mark gemacht, wir waren weder Juden, noch hatten wir welche umgebracht, kurz, was hatten wir vorzuweisen? Wir waren überhaupt nichts und fühlten uns danach; wir hatten wirklich den Krieg verloren, und jeder überflüssige Gedanke war ein Bazillus, vertane Zeit auf dem Weg zur endgültigen Verwesung. (R, 35–6)

To add to the misery of his alienated existence, Rott lives with his mother, an embittered woman who continues to believe in 'the good old days'. She is full of recriminations, her consciousness shaped by the petit-bourgeois disappointment at Hitler's (and Germany's) defeat. Almost penniless (she squanders her meagre pension on the homoeopathic products sold by Baldus's father), she vents her frustrations on her son who quietly absorbs and accepts her accusations of worthlessness and moral depravity.

The narrator explains – and this is something the '68ers as a rule did not bother trying to understand – why this woman had become so bitter, and why she and thousands like her were able to poison the post-war era, much as the embittered war-widows after World War I had undermined the Weimar Republic:

> Sie waren betrogen worden, nach Strich und Faden [. . .]. Vom Kaiser, von Adolf, von der christlichen Partei. Eine ganz normale Familie. Und

immer staatstragend. Aber sie hatte nichts begriffen. Sie hatte ihr Leben verhunzt. Und das spürte sie dumpf. (*R*, 30)

Rott understands her, endures her tirades, but has the strength neither to help her nor to change his own life for, as Piwitt makes clear, it is the conditions of our life which determine our consciousness and our ideas, be they ideas of ownership and control, ideas of success and failure, or ideas of freedom and tolerance.

As is typical for Piwitt's approach to writing, the narrative is constantly interrupted by newspaper quotations. These describe the concentration of power in the hands of the re-emerging ruling classes and political élites after they have quietly eluded questions about their role in helping Hitler to power. The quotations also reflect on the apathy of the public in allowing this to happen.

Piwitt describes the general *Zeitgeist* of the late 1950s as a grand self-delusion:

> Die Leute spielten damals alle verrückt, sie waren völlig meschugge, geradezu besoffen von dem Glauben, der Mensch könne hierzulande durch Arbeit reich werden, jeder wühlte und krebste herum, alles war ständig am Räumen und Vorwärtskommen, während sich vor aller Augen die alten Vermögen mit neuen Krediten längst wieder abgesetzt hatten. (*R*, 36)

Rott falls in love with Rebecca, a war orphan who sells her body because she cannot think of any reason why she should not. She later liberates herself by using wealthy men to acquire enough money to leave Germany. Rott, who has moved in with her, is jealous, but grudgingly accepts this demeaning situation as long as she lets him sleep with her.

Rott's and Rebecca's love cannot last. Piwitt implies that there is a direct link between human relationships (especially when they take the form of ownership in the 1950s) and political relationships, that is, the control of politics and the economy. Piwitt's example is sexual repression and moral standards – even Rebecca's pregnancy is just another element of co-dependency and control, so whenever Rebecca's period is late, she starts knitting a sweater for Rott, but she stops as soon as the 'danger' is over.

Rebecca finally makes her escape, leaving Rott bewildered (and with an unfinished sweater) until he receives a letter from his friend Baldus:

> Wir haben alles falsch gemacht, Rott. Wir haben uns für etwas Besseres gehalten, wenn wir uns selbst zerfleischten. Aber genau das haben sie von uns erwartet. Daß wir mit dem Ärger, den wir in uns hineinfressen, vor die Hunde gehen. (R, 154)

Rott's reaction to this letter is surprising and comes totally out of the blue:

> Wir haben ihnen jeden Schwindel geglaubt. Aber es reicht jetzt. Jeder Spaß hat ein Ende. Sie werden uns nicht länger daran hindern, unsere Vernunft zu benutzen, Baldus. Und sie werden nicht verhindern können, daß wir uns dazu zusammentun. Also los, fangen wir an. (R, 159)

Piwitt's portrayal of the generation growing up in the late 1950s is intimate and distanced at the same time, and links the lack of individual awareness to the lack of social consciousness in post-war Germany, the 'gepanzerte Leere der westdeutschen Nach-NS-Gesellschaft' (Briegleb). The message is that as this generation is incapable of emotional or intellectual change, it is forever lost in itself.[10]

Rothschilds was widely reviewed and generally praised for its innovative style and critical stance. The seemingly unmotivated ending, however, polarized opinions.

In one of the first reviews, K. H. Kramberg denounced Piwitt's political stance as 'kritischer Schick', and mocked his 'Montagetechnik' as nothing more than

> zeitsymptomatische Makulatur aus dem Ausschneidedienst, vor allem durch Kurzbiographien von Unternehmerpersönlichkeiten, redigiert und archiviert in jahrelanger Fleißarbeit von einem engagierten Parteigänger des kämpferischen Antikapitalismus.[11]

Piwitt's friend Hans Christoph Buch attempted a more positive interpretation, characterizing Piwitt's literary programme in the following way: 'Es kann keine politische Relevanz geben außer über die kritische sinnliche Wahrnehmung am gewöhnlichen Detail.'[12] Buch praises Piwitt's 'undogmatic realism' which links the private and public sphere, but even he feels that his recourse to documentary techniques is unsuccessful.

However, the most significant review came from Uwe Timm, a writer five years younger than Piwitt. Timm, a former member of the *Sozialistischer Deutscher Studentenbund* (SDS), makes clear what he feels ought to be expected of the modern writer: realism in the narrative, a proper socialist attitude, entertainment and enlightenment for the reader, and a plot which presents individual experiences as exemplary ones in a social-collective sense. He begins by saying that *Rothschilds* is one of the most 'interesting' publications of the year, and particularly praises the precise description of Rott's petit-bourgeois milieu, with the 'hero' as a bohemian who does not work for his living. However, the rest of the review then proceeds to destroy the book calmly and methodically. Timm argues that Piwitt's main problem does not lie with the inability of the characters to effect change, but with Piwitt's decision to combine the 'economic and political superstition' prevalent in the heyday of the restoration era in the Federal Republic with the narrative of the doomed relationship between Rott and Rebecca. Timm defines this 'economic and political superstition' as:

> der Aberglaube, daß dieses Land das Land der Freiheit ist, der Aberglaube von der demokratischen Grundordnung, die in Wirklichkeit vor dem Fabriktor endet, der Aberglaube, daß die Unternehmer Arbeitgeber sind, obwohl sie die Arbeitskraft nehmen etc. Hinter diesem Aberglauben verbirgt sich der kapitalistische Alltag.[13]

Yet there is no synthesis, Timm complains: the social, economic and private spheres remain separated in the novel:

> Piwitt gelingt es in dem Roman weder die ökonomischen noch die individuellen Phänomene als gesellschaftliche zu zeigen. Als gesellschaftliche Phänomene würden sie nur dann deutlich, wenn die Dialektik von Besonderem und Allgemeinem literarisch umgesetzt werden würde und nicht, wie in diesem Roman, wo sich das Besondere und das Allgemeine isoliert gegenüberstehen.[14]

He cites as an example Piwitt's method of interspersing the narrative with references to yoga, homoeopathic medicines and quack healers. These, used by Piwitt as instances of Rebecca's flight from reality (they were regarded as highly odd by the 'general public'), do not have a didactic effect in Timm's view, since the problem of superstition remains unsolved:

> Eindeutiger entsprächen diesem gesellschaftlichen Aberglauben die Horoskope von Zeitungen, die allmorgendlich vor Arbeitsbeginn

millionenfach gelesen werden, von jenen, deren Zukunft vernagelt ist, weil sie zu der bestehenden Situation noch keine Alternative sehen und in dem Chaos dieser Gesellschaft Rat und Hilfe in den Sternen suchen.[15]

But the book's main fault, as far as Timm is concerned, is Piwitt's surprising and seemingly unmotivated ending. Why and how, he asks, does Rott develop this political awareness; why does he suddenly want to get together with Baldus and rebel against the conditions that they have endured for so long?

Ihre Situation erscheint ihnen zumeist so ausweglos, wie dem Leser die Situation Rotts – und wohl auch dem Autor Piwitt. Darum greift der Sozialist Piwitt in die von ihm ausweglos dargestellte Situation seines Helden am Schluß als Deus ex machina ein.[16]

A close reading of the text might provide an answer. Piwitt has furnished the novel with an elaborate frame. The novel starts and ends with Rott arriving at a beach, a symbol of freedom, but even here he finds filth, debris and the noise of guns from hunters enjoying their wealth. Given that Rebecca has left him, the image allows for the following interpretation: something happens to Rott, something snaps. He has reached the border of two worlds, and for a moment, sees his world clearly.

It must be said, though, that such an interpretation requires an enormous amount of good will on the part of the reader. Even if there is an 'escape' for Rott, the reader does not know what form this could take. For Rott to use his 'Vernunft' would be good – but against whom? The Rothschilds? How would he do that?

I believe that Timm is right in pointing the finger at the problematic link between political-economic restoration and the individual who cannot seem to change the conditions that determine his life; perhaps Piwitt is too 'realistic' to know that that is indeed the case. At the same time, Uwe Timm, dogmatic in his expectation that a good socialist should write the world as it should/ought to be, ignores Piwitt's attempt to explore the collective mind honestly, and to trust that this analysis will enlighten the reader.

This is more than a disagreement between writers – it is a fundamental disagreement over what constitutes 'realistic writing' in the wake of the political and cultural watershed of the late 1960s. Timm's idea of realism focuses on the everyday experience of the 'man in the street'; Piwitt on the other hand seems to think that realism is best achieved when the writer frees himself from preconceived notions, when he 're-creates' the reality his characters live in, and allows the reader to come to his/her conclusions independently.

Timm expects the writer to create a novel with a clear notion of what 'real' life is; and this includes an appropriate ideology. Piwitt chooses to create reality in the novel by means of observation, through his characters and their consciousness. Both approaches are based on the desire to emancipate the reader, which, after all, was one of the main points of the German Student Movement/Cultural Revolution. Yet while Timm at this stage appears willing to sacrifice his aesthetics for the cause, Piwitt tries to combine the revolutionary form and message, with sometimes discouraging results, at least to those who expect a clear and unequivocal message.

The question for both is how to respond in literary form to socio-economic conditions that any critical theory derived from Marx declares are the main reason for the state of human consciousness. If reality is not what the writer wants it to be, the writer has a number of options, which have been explored in the many novels about the German Student Movement. Should s/he still depict reality faithfully, perhaps with a little help from his/her own consciousness to bring certain determining factors into focus (Piwitt); should s/he agitate the reader so that s/he can change it (as in Christian Geissler's *Das Brot mit der Feile*); should s/he prepare the reader for hibernation until conditions are better (as in Jochen Schimmang's *Der schöne Vogel Phönix*); should s/he focus on how the character can make the best of the situation (as in Peter Schneider's *Lenz*); or should s/he rejig reality so that change appears possible, thus encouraging the reader to attempt change in real life (as in Uwe Timm's *Heißer Sommer*)?

Timm is obviously more optimistic than Piwitt about the chances of political realism influencing opinion and helping to play a part in bringing about political action and, thereby, political change. He has faith in the didactic power of literature. Piwitt on the other hand believes that the complexity of reality cannot be conveyed through an individual consciousness, but that we are capable of learning as long as writers keep their eye firmly on the conditions determining our lives and do not drift into an exploration of the self.

Ralf Schnell has characterized such a position as typical in the early 1970s for a politicized author, 'für den gesellschaftliche Erfahrung und ästhetische Verarbeitung zusammengehören'.[17] What is perhaps more helpful is an appreciation of Piwitt's use of narrative devices. His disjointed prose, interspersed with documentary material, his focus on 'kleine Helden', and his democratic attitude to his characters (Rott, his mother, Baldus, Rebecca) allow him to undermine traditional patterns of orientation. They contrast 'received wisdom' with unexpected viewpoints, question perceptions, explore a multiplicity of possible interpretations, and, moreover, treat his readers democratically by allowing them to come to their own conclusions.

It is this wealth of narrative devices that builds up a materialist aesthetic which should, at least in part, determine our appreciation of the novel's literary quality. By telling 'Gegengeschichten', Piwitt checks out of consensus reality and finds room for the counter-culture in the 'Alltagswirklichkeit'. This, however, is in no way an 'Absage an die Existenzberechtigung der Literatur', as Schnell points out, since the ability to convey the complexity of reality in literary form is proof of its subversive power. As such, Piwitt shows affinities with Peter Schneider who, by 1973, had announced: 'Ich habe mich also mit dem Gedanken vertraut machen müssen, daß man nicht zur gleichen Zeit eine politische und eine literarische Revolte anzetteln kann.'[18]

Heißer Sommer
Two years after *Rothschilds*, Uwe Timm's own memory project, the novel *Heißer Sommer*, was published. In the form of a traditional 'Bildungsroman', he follows the emancipation and political development of one exemplary, 'ordinary' student, Ulrich, through the various stages of the German Student Movement.[19]

Rott and Ulrich have a lot in common: they struggle to gain their independence from the war generation, their horizons slowly widen, and they begin to see the reasons why their individual life is inexorably interwoven with the state of society.[20]

The generation conflict is a case in point: Ulrich's father is shown as a man who has supported Hitler, who accepted whole-heartedly the dream of a new chance in the Adenauer era and is sorely disappointed when he nearly goes bankrupt after buying a large assignment of 'Nierentische'[21] shortly before the bottom falls out of that particular market. Ulrich's relationship with his father is ambiguous: he continues to accept the monthly cheque while wasting his time at university, yet he will not have anything to do with him as a human being – he cannot, because the father is drawn as a type. Indeed, after the inevitable row at Christmas Ulrich leaves his parents' home, and the only sense in which there is an emotional link between the generations is Ulrich's relationship with his mother. Indeed, both Ulrich and Rott want to be 'good boys', and do as they are told, only slowly emancipating themselves from their overbearing mothers.

Rott as the child of the 1950s and Ulrich as exemplary '68er both gain their 'freedom' through women. However, while Ulrich's succession of girlfriends[22] remain episodes in the development and sexual liberation of the main character (a feature of most novels about the German Student Movement written by male authors), Rott makes his bed with Rebecca, who keeps him in the same way that someone might keep a stray dog: absent-mindedly fond of a creature more wretched than herself.

In his essay 'Rückblick auf heiße Tage' in 1975, Piwitt continued the debate about realistic writing. The student revolt of the late 1960s, he reminds the readers of the *Literaturmagazin*,[23] had pronounced that art was dead.[24] Art had disappointed and alienated those who, in their bourgeois naiveté, had come to study and learn from it. Art was seen as outdated in a political world of revolution and direct action. Art was associated with religion as 'opium for the people' and had been unmasked as partisan in the class struggle. The students who had once worshipped its literary form in seminars and libraries had become its fiercest accusers.[25]

But, says Piwitt, it is not art that is dead in the mid-1970s, but the dream of the German students of a revolution. For a time, art may have played an emancipative role during the days of the German Student Movement, it may even have opened up vistas for collective experiences, didactic developments, critical awareness, and an 'insatiable' interest in reality and its potential. As such, art had seemed a useful tool for the students interested in the liberation of the individual and the expression of repressed desires. But in hindsight, according to Piwitt, one ought to concede that the 'liberation of art' had failed.

In Piwitt's view, the 'aestheticization of politics' was a red herring, since the students had lacked a basis or sounding board on which such a new aesthetic could be tried out. While the French and Italian students had established or maintained contact with the workers[26] who left them in no uncertainty about what to do with their ideas when these ideas became too far removed from reality, the German students, in gross self-delusion, were 'selig in sich selbst', until they realized that they were alone.

It is the *sobering* effect of hitting reality, Piwitt claims, that created or made possible the novels of, and especially about, the German Student Movement that had appeared in the early 1970s. 'Ernüchterung', the process of turning sober after the heady experience of the revolt, was both cause and underlying theme for the '68ers-turned-authors, and Piwitt berates them for letting go so easily of their utopian dream of a better world.[27]

What really angers him, though, is that in his view some of the former activists turned 'traitor to the cause' by selling bits of titillating experiences in the marketplace, and presenting their simple accounts of their experiences as 'realism'. The only purpose such 'false' experiences could serve was to be used by the cynical media to create a false collective memory which in turn would remove all danger from any advances in critical awareness the student movement may have achieved.

The '68ers-turned-authors are deluding themselves, Piwitt warns, and we ought to mistrust their 'reality' which is nothing but a construct of interpretations, a 'Faktenwahnsystem'. Instead of walking down memory lane with them we should ask ourselves:

> Was leisten Romanciers der Studentenbewegung, wenn sie sich damit begnügen, den Veteranen von einst das Gemeinsame, nämlich die vorentschiedene Realität im Kopf, zu kostümieren?[28]

Unsurprisingly, the main target of this venomous essay is Uwe Timm's *Heißer Sommer*. Piwitt challenges the novel's 'incongruence', its 'flawed composition and narrative stance', and argues that by submerging the author in the perspective of the protagonist, Timm has sold out on any chance of realism the novel had promised. Furthermore, he suspects that Timm's 'ever-present critical socialism' undermines and debases the literary effort by turning the German Student Movement not only into a literary commodity, but an awareness commodity.

Piwitt advocates the application of his own 'Synchronisationstechnik' which would have allowed Timm to get into his protagonist's head *and* to explain the reasons why he acts as he does, instead of making the 'Sensorium des Mittelpunktindividuums zum Handlungsplatz und zur Schaltstelle aller vom Autor authorisierten Gefühle, Ideen und Wahrnehmungen des Romans'.[29] Timm's 'Einfühlungstechnik' is in fact old hat, Piwitt argues, and socialist writers should stay clear of such remnants of the bourgeois novel.

Several questions arise from the essay: why did Piwitt react so angrily to the literary representations of the German Student Movement? Is it about remembering the past, about the right politics, or even the craft of writing?

In spite of a general air of cynicism and disillusionment following the demise of the German Student Movement and the splintering of the New Left, Piwitt appears keen to reclaim the ground authors and artists had lost against the background of the 'death of literature' debate and the perceived 'backsliding' of the student-activists-turned-authors. This is not to say that he feels the Student Movement as 'historical event' and catalyst for social change was overrated – quite the contrary. By 1976, he would write:

> Es sieht aus, als sei das Verlangen großer Gruppen der Gesellschaft am Ende der sechziger Jahre nach mehr Kultur und kulturellem Ausdruck [...] zunächst gescheitert. [...] Tatsächlich hat der Aufbruch der späten sechziger Jahre mehr Tatsachen geschaffen, als die sogenannte »Tendenzwende« hat rückgängig machen können: Bürgerinitiativen, Frauenbewegung, radikaldemokratische Buchhandlungen und Verlage, Kinder- und Jugendtheater wie »Grips« oder »Rote Rübe« sind besser im Tritt denn je. An Universitäten wird wieder gelehrt, daß Boden und Kapital sowenig »arbeiten« wie alte Frauen auf Besen fliegen können. Und so schnell Subkulturen ans Licht des Marktes gezogen wurden, so hartnäckig hält sich der Wille zur Subversion, wo es darum geht, Grundrechte gegen die FDGO, die Idee des Pluralismus gegen die totalitäre Wirklichkeit unserer Volkswirtschaft zu verteidigen.[30]

What he *is* increasingly concerned about, though, is the role of the writer at the time of backlash against the 1960s cultural revolution, when a culture of the everyday, of non-alienated work and human relationships is, in his view, increasingly being denied. If people were in control of their senses, interests and tools, Piwitt argues, the writer's sense of alienation would not be necessary. But those are utopian dreams, and until they can become reality, the writer has to 'invent' reality and anticipate the 'noch nicht' in desperate acts of individual efforts.[31]

Such subversive acts of creation can make use of human curiosity to show readers their familiar world in ways they have not seen before, so that they can recognize their reality for what it is, namely, a construct of social conditions and economic power. Personal progress cannot be expected unless there is social progress, and writers can only remind their readers that there is no basis for the life they dream of, they cannot create this life and the right conditions for it.

By nature and temperament, Piwitt is less enthusiastic than Timm about the utopian form of realism, about the dream that if people were able to have art in their own lives, they would not need the 'desperate acts of the individual'. But he knows: 'Wer bestimmen kann, was Realität sein soll, kann auch darüber befinden, was die Menschen für "realistisch" halten sollen und was nicht',[32] which means for him that he does have to find resources in himself against seemingly overwhelming odds:

> Wenn die Literatur im Moment eine größere Funktion als noch vor einigen Jahren hat, dann deshalb, weil sie in der Vorstellung der Menschen den politischen Traum wachhalten kann, der [...] vorerst gescheitert scheint. Weil die Welt eines Romans, eines Gedichts nicht die Welt werthaft-emotional vorverständigter Begriffe, fixer Wesenheiten, definitorischer Satzgegenstände ist, kann sie Erfahrungen, Hoffnungen überleben lassen und ein Morgen vorwegnehmen, das in jener Begrifflichkeit scheinbar schon begraben war.[33]

This raises the question why Timm and Piwitt kept up their public feud when, to all intents and purposes, they were trying to achieve the same thing. But to Piwitt, at least, the dispute about the right way forward *was* part of the literary-cultural discourse which the Student Movement had stimulated, and he kept it up even when the 'utopian energy' (Habermas) had waned.

We must remember that *Rothschilds* and *Heißer Sommer* were written right in the middle of the 'death of literature' debate, when experimenting with literature in terms of a theoretical framework or programme was part of the 'second culture' anticipated in 1968. Piwitt and Timm are exploring new territory: Piwitt chose to explore the radicalization of narrative techniques, while Timm favoured the radicalization of the hero.[34] A more unfriendly interpretation would be that what we have witnessed is simply the vanity fair of energetic young writers who believe in their own infallibility, and part of the self-destruction of the German Left in the 1970s.

I have argued elsewhere[35] that the expression 'Heiße Tage' denotes a romantic view of the German Student Movement in Uwe Timm's *Heißer Sommer*: the title evokes the joy of collective experience, incessant activity and a carefree though highly charged summer of innocence. Piwitt's essay 'Rückblick auf heiße Tage' turns this image around – coming from a member of the 1950s generation, the image is stripped of its romantic glow and instead evokes a rebellion of 'Halbstarke', thereby expressing how affronted Piwitt feels that the '68ers questioned his position as author (who, after all, had been fêted as 'Geheimtip'), and the validity of his carefully crafted and ideologically and aesthetically sophisticated writing, only then to turn up with traditional fare when he had laboriously adapted to the *Zeitgeist*.

One senses a certain pique in Piwitt's essays – he feels that it is his job to remind people that history does not start from scratch with every generation, and in this he can feel himself vindicated today by a '68er, Wolfgang Kraushaar, whose 'Protestchronik' has destroyed the sterotypical image of the 1950s as apolitical and dry.

Widening the focus somewhat, we can also see how Piwitt himself must have fought for his reputation against the 'Überväter' of the Gruppe 47, who in turn had an even more critical and distanced view of the German Student Movement. This is clearly illustrated in Günter Grass's interpretation of 'heiße Tage' in his book *Mein Jahrhundert*.[36] The entries for 1966 to 1968 convey Grass's negative view of the revolt as a blip in the context of the century, and, of course, the annoyed resentment of a 'Sinngeber' relegated to the sidelines (at least as far as the '68ers are concerned).[37]

For the reader today, *Rothschilds* and *Heißer Sommer* (but also Peter Schneider's *Lenz*, curiously omitted from Piwitt's essay, perhaps because Schneider does not fill the reader with new certainties) seem united in their upbeat message: 'fangen wir an' (*Rothschilds*), 'dableiben' (*Lenz*), 'er freute sich' (*Heißer Sommer*). They all reflect a brave and defiant 'dennoch' to the demise of the German Student Movement. In the face of the 'colder' 1970s, they show an awareness that social change requires patient and hard work (the 'langer Marsch') and solidarity. In this way, we should read Timm's criticism of *Rothschilds* and Piwitt's critique of *Heißer*

Sommer as constructive criticism, a mutual struggle for emancipation and the utopian dream they share.

Piwitt seems to acknowledge that the students carried an impetus for change into society that he himself feels committed to, and that his 1950s consciousness, as well as his art with all its sophistication, has been unable to match. When he asks why Uwe Timm cannot write in an aesthetically more advanced form in 1974 on the events of 1967–8 when he, Piwitt, could do so in 1972 about the 1950s, we have to understand that they are divided by a generation gap. Rott's socialization against the backdrop of warwidows' bitterness and disillusionment, material values and consensus mentality precludes any emancipation, while Ulrich's emancipation, however 'artificial' and 'unrealistic', is perfectly *possible*.

The irony is that, twenty-five years on, both novels are read for the information they contain about the respective eras they portray, while, in our age of 'neue Lesbarkeit', they will appear equally strange – in Piwitt's case even 'difficult' – to the reader. As to the ideological debate, the hatchet is buried, at least by the '68ers. Hermann Kinder, editor of the 1998 reissue of *Rothschilds* and author of a novel about the Student Movement himself, honours Piwitt's achievement as 'das literaturhistorische Zeugnis dafür, einer mit der Studentenbewegung literarisch stumm gewordenen Generation wieder eine Sprache zu geben, die der Komplexität ihres Bewußtseins entsprach'.

Notes

[1] Hermann Peter Piwitt, 'Rückblick auf heiße Tage', in Hans Christoph Buch (ed.), *Literaturmagazin 4. Die Literatur nach dem Tod der Literatur: Bilanz der Politisierung* (Reinbek, Rowohlt, 1975), 37. Reprinted in *BaB*, 93–109.

[2] Marcel Reich-Ranicki, *Mein Leben* (Stuttgart, Deutsche Verlags Anstalt, 1999), 462.

[3] Reich-Ranicki, 465.

[4] Even Klaus Briegleb, who believes that most German writers failed to engage actively with the challenge of the students, grudgingly acknowledges: 'H P Piwitt ist 66/67 in West Berlin in eine Beziehung zur Revolte getreten.' See Klaus Briegleb and Sigrid Weigel (eds.), *Hansers*

Sozialgeschichte der deutschen Literatur vom 16. Jahrhundert bis zur Gegenwart: Bd. 12: Gegenwartsliteratur seit 1968 (Munich, Hanser, 1992), 30.

[5] Hermann Peter Piwitt, 'Memorandum zur Gründung der DKP', *Tintenfisch*, 2 (1969), 45.

[6] Ulrich Ott and Friedrich Pfäfflin (eds.), *Protest! Literatur um 1968. Katalog für Austellung des Deutschen Literaturarchivs in Verbindung mit dem Germanistischen Seminar der Universität Heidelberg und dem Deutschen Rundfunkarchiv im Schiller-Nationalmuseum Marbach am Neckar* (Marbach, Deutsche Schillergesellschaft Tübingen, Wilhelm Gulde, 1998) [= Marbacher Kataloge, 51].

[7] Piwitt uses the Rothschilds family name as shorthand, very much in the same way the media have described the underlying problems of the CDU 'Spendenaffaire' of 1999–2000 as the 'System Kohl'.

[8] See Alfred Grosser, *Geschichte Deutschlands seit 1945* (Munich, dtv, 1974), 266.

[9] This 'Restaurationsthese' is not a new concept. From 1946–7 writers, for example Hans Werner Richter in *Der Ruf*, had warned about a restoration of those social conditions which had brought about German fascism in the first place. This view was generally accepted amongst intellectuals by the beginning of the 1960s. Bernt Engelmann is perhaps the most visible exponent of the thesis today. See Helmuth Kiesel, 'Literatur um 1968. Politischer Protest und postmoderner Impuls', in *Protest! Literatur um 1968*, 602–5.

[10] There is little sense in the novel of the spirit of protest which did exist in the late 1950s, as detailed in Wolfgang Kraushaar, *Die Protest-Chronik 1949–59* (Hamburg, Rogner & Bernhard, 1996).

[11] Karl Heinz Kramberg, 'Rotts verlorene Zeit', *Die Zeit*, 13 October 1972.

[12] Hans Christoph Buch, 'Die Zeit von Baby Doll', *Der Spiegel*, 8 January 1973.

[13] Uwe Timm, 'Die Rotts und die Rothschilds. Von einem, der glaubte, ohne zu arbeiten, gut leben zu können', *Deutsche Volkszeitung*, 30 November 1972.

[14] 'Die Rotts und die Rothschilds'.

[15] 'Die Rotts und die Rothschilds'.

[16] 'Die Rotts und die Rothschilds'.

[17] Ralf Schnell, *Geschichte der deutschsprachigen Literatur seit 1945* (Stuttgart, J. B. Metzler, 1993), 319.

[18] Peter Schneider, 'Über den Unterschied von Literatur und Politik', in Hermann Peter Piwitt and Peter Rühmkorf (eds.), *Literaturmagazin 5. Das Vergehen von Hören und Sehen: Aspekte der Kulturvernichtung* (Reinbek, Rowohlt, 1976), 189.

[19] For a wider discussion of Uwe Timm's work, especially the novel *Heißer Sommer* and his views on realism, see David Basker (ed.), *Uwe Timm* (Cardiff, University of Wales Press, 1999).

[20] Ulrich is quicker on the uptake, but then he is a student, and exemplary as well, which does not necessarily endear him to the reader.

[21] A design cult object of the late 1960s, which quickly became unfashionable.

[22] He gets one girlfriend pregnant and, for the first time in his life, lets go of Hölderlin and engages in physical work for a week in order to pay for the abortion.

[23] The *Literaturmagazin* itself was a product of the cultural revolution and one example of the attempt to create a counter-culture against the established 'Literaturbetrieb'. This particular volume (4) explores 'Die Literatur nach dem Tod der Literatur' with the aim of providing a 'Bilanz der Politisierung'.

[24] This, of course, is a polemic simplification. In *Kursbuch*, 15, Hans Magnus Enzensberger and Klaus Michel merely asked whether 'traditional' literature was dead after the 'Kassensturz der geschichtlichen Erinnerungstätigkeit und Schreibweise', a diagnosis Piwitt would surely have agreed with at the time. For an overview see Ralf Schnell, *Geschichte der deutschsprachigen Literatur*, 387ff.

[25] With, for example, slogans like: 'Schlagt die Germanistik tot, macht die blaue Blume rot!' See Peter Mosler, *Was wir wollten, was wir wurden*, (Reinbek, Rowohlt, 1977), 197–205.

[26] Piwitt explored the Italian connection during his year at the Villa Massimo in Rome as resident writer.

[27] One might be forgiven for asking whether this feeling of 'Ernüchterung' is not simply a projection of Piwitt's own disappointment at the 'allgemeinen Roll Back, das nach dem Abebben der studentischen Protestbewegung einsetzte'. Hermann Peter Piwitt, 'Klassiker der Anpassung', in Hans Christoph Buch (ed.), *Literaturmagazin 1. Für eine neue Literatur – gegen den spätbürgerlichen Lieraturbetrieb* (Reinbek, Rowohlt, 1973).

[28] 'Rückblick auf heiße Tage', 37.

[29] 'Rückblick auf heiße Tage', 39.

[30] *Literaturmagazin 5*, 13.

[31] *Literaturmagazin 5*, 16.

[32] Hermann Peter Piwitt, 'Kleiner Versuch zur Utopie der schweigenden Mehrheit', in Nicolas Born (ed.), *Literaturmagazin 3. Die Phantasie an die Macht: Literatur als Utopie* (Reinbek, Rowohlt, 1975), 72.

[33] 'Kleiner Versuch', 79.

[34] See Keith Bullivant and Klaus Briegleb, 'Die Krise des Erzählens – 1968 und danach', in Briegleb and Weigel, 302–39.

[35] Ingo Cornils, 'Romantic relapse? The literary representation of the German Student Movement', in *CUTG Proceedings 1999* (Bern, Lang, 2000).

[36] Günter Grass, *Mein Jahrhundert* (Göttingen, Steidl, 1999), 238–52.

[37] Grass is ridiculed in Peter Schneider's *Lenz* (1973) and Hermann Kinder's *Der Schleiftrog* (1977).

6

'Heimat als Aggregatzustand der Seele macht schwer und traurig': Hermann Peter Piwitt's *Deutschland. Versuch einer Heimkehr*

RHYS W. WILLIAMS

The impetus behind Hermann Peter Piwitt's *Deutschland. Versuch einer Heimkehr* is an intensely personal one. The text begins and ends in Wohldorf, where Piwitt spent his childhood, and the original title planned for the volume was 'Wohldorf. Versuch einer Heimkehr'.[1] The text recalls a secure and happy childhood in Nazi Germany, describes Piwitt's move to Berlin and his growing political involvement, records his friendships and his intellectual development, traces his family history back to Finkenwerder, alludes obliquely to a failed emotional relationship, and contains Piwitt's thoughts on a wide variety of social, political, cultural and ecological issues. The text is, however, not a conventional autobiography; there is no sense of a continuous narrative leading inexorably to the mature vantage-point of the present, no affirmation of the author's narrative authority, no hint of *post hoc* self-justification. The literary strategy which Piwitt adopts is challenging: 'Ich mag offene Formen, die dem Leser nicht alles Denken abnehmen, sondern ihm das Vergnügen des gedanklichen Verknüpfens der Einzelteile überlassen. Die Literatur sollte nicht abbilden, abschildern, sondern uns Bilder machen. Bilder als Spielraum für die eigene Phantasie' (*KH*, 214). It is in the interests of exploring the relationship between the apparently disparate sections of the narrative that this chapter is conceived. The challenge is not unique to this text: *Deutschland. Versuch einer Heimkehr* contains the same kinds of mixture of styles as Piwitt's collections of essays. Both *Boccherini und andere Bürgerpflichten* (1976) and *Die Umseglung von Kap Hoorn* (1985) interweave personal reminiscence and essayistic engagement with topical issues (such as the media, politics, ecology), literary analysis and what might loosely be called travelogue. The co-presence of these features in such different texts suggests that

Piwitt is working with a more consistent literary strategy than many of his critics have been willing to acknowledge. The attempt to extrapolate from the essays collected in both *Boccherini* and *Die Umseglung von Kap Hoorn* a clearly defined aesthetic is problematic for two reasons. Firstly, much of the content of these volumes consists of occasional pieces, reviews and magazine articles, usually written with polemical intention. Secondly, Piwitt would himself be the first to concede that his ideas are constantly developing. Nevertheless, there are a number of constants which reflect Piwitt's position from the mid-1970s to the mid-1980s, and these are constants, moreover, which characterize the position of the radical Left in West Germany after what was seen as the failure of 1968. The essay 'Rückblick auf heiße Tage' (1975) offers a useful starting-point. Reacting against those left-wing writers who had proclaimed the death of literature in the celebrated *Kursbuch* volume of 1968, Piwitt offers a counter-example in Rolf Dieter Brinkmann's dictum: 'Es genügt nicht, die Kunst zu lieben – man muß Kunst sein!' (*BaB*, 95). Piwitt goes on to gloss Brinkmann's words thus: '"Kunst sein" heißt hier, Herr seiner Sinne, seiner Interessen, seines Ausdrucks sein; heißt: Interessen erkennen und wahrnehmen durch unersättliches kritisches (das heißt: unterscheidendes) Interesse an der Wirklichkeit und ihren Möglichkeiten. Und heißt auch: bereit sein, Interessen zu sozialisieren, wo ein einzelner sie allein nicht wahrnehmen kann' (*BaB*, 95–6). Conceding that the heady days of 1968 seemed to offer writers ample opportunity to translate creativity into political action, Piwitt recognizes that the 1968 generation made the mistake of aestheticizing politics, of taking sensuous delight in demonstrations, irrespective of whether political results were achieved. The consequence of this error was a sense of failure and disillusionment. This explains why the novels of the Student Movement are merely a nostalgic re-creation of their authors' own sensuous delight. But for Piwitt literature has a different function: 'Es ist die Aufgabe des Schriftstellers, die Realität, nicht die Fiktion zu erfinden. Die Fiktion existiert immer schon. Als fixe Idee von der Realität in unserem Kopf nämlich' (*BaB*, 97). The function of literature, for Piwitt, is to challenge values and attitudes, rather than to re-create and confirm them. The value system of 1968 is, for him, deficient; it represents a failure; writers of that generation, he suggests, owe it to their later readers to supply a critical analysis of their values, deconstructing their habits of thought as a product of their particular social experience. The narrative perspective of Uwe Timm's *Heißer Sommer*, Piwitt argues, demands our assent; it presupposes that we empathize with its hero's values. What it fails to do is to convey precisely how the hero's revolutionary insights change his perception of the world, and shatter his existing value system. While he admires Timm's book for its honesty, he finds the identification of the author with his central character inappropriate, for it precludes the possibility that the author might be standing outside his character in order to examine critically the habits of thought which shape his actions.

Piwitt's aesthetic position is further refined in later essays. In 'Wer schützt die Natur vor dem "Natürlichen"?' (1982) he continues his assault on identification in literature. The theory runs thus: we are constantly bombarded with sense impressions, but we select a tiny percentage of these impressions so as to make sense of our world. But according to what criteria is this selection made? To understand the process we need to be able to differentiate between genuine needs and the manipulation of our desires by capitalism. The theory is one which is familiar to the Student Movement: Herbert Marcuse, one of the gurus of the Student Left, argued in his *Essay on Liberation* (1969) that capitalism generates false needs which can be subverted if the authentic subjective needs of individuals can be identified and mobilized. The identification of false needs, illustrated by advertisement and cultural imperialism, is clearly part of Piwitt's literary strategy and explains the presence in his writing of attempts at deconstructing the images and language of advertising. The prerequisite of a revolutionary aesthetic, for Piwitt, is a fearless analysis of the ideological bias inherent in our own way of seeing. But this is only the first step. If a radical aesthetic is to be achieved, then the form of the work needs to disrupt our habitual way of seeing the world, preventing easy identification with prevailing ideology. What emerges is at once highly subjective, in the sense that it offers a vision which subverts prevailing values, but also social, in that it taps into the genuine needs of society. 'Radikal wäre ein Schreiben, das alles dies auch und ohnehin ist: subjektiv betroffen und hineingezogen in die sozialen Kämpfe, sich stark machend für die sozial Schwachen [...] und das bürgerliche Erbe bewahrend als lebendige Vergangenheit statt als tote Gegenwart. Ein Schreiben, dem bewußt bliebe, ein autonomer politischer Weg zur Wahrheit zu sein, gleichberechtigt und unvergleichlich mit Politik und Wissenschaften' (*KH*, 62–3). If we unpack the implications of this manifesto, then it is evident that the kind of literature which he envisages is 'engagé' in a Sartrian sense, but is neither didactic, nor subservient to politics; it is subversive of prevailing ideologies and comfortable (and comforting) linguistic clichés: 'Denn Sprache ist konservativ, schreibt fest, was in Bewegung ist, und biedert an, was so immer schon nicht mehr existiert' (*KH*, 63).The problem is that we have a reality as a 'Wortmuseum im Kopf' (*KH*, 63); it stands between us and the world; it must be deconstructed before we can hope to appreciate the world anew.

The above essay was first published in 1982, the year in which *Deutschland. Versuch einer Heimkehr* appeared. Further essays around the same time fill out Piwitt's theory of literature. In the essay 'Ich mag die Amerikaner nicht ...' (1984), Piwitt launches a bitter attack not only on the suppression by America of its native population (a much loved topic during the Student Movement), but also on American cultural imperialism.[2] Five per cent of Marshall Aid, he asserts, came to Germany in the immediate post-war period in the form of films. Piwitt's own formative years, like those of his generation, were shaped by the dominant American values of the late 1940s and 1950s in West Germany. Any attempt to see the world afresh requires the deconstruction of precisely those values with which the young Piwitt was inculcated: 'Was ich meine, ist die allgegenwärtige Kolonialisierung der Wahrnehmung, des Gefühls. Die überall zur vermeintlich puren Natur herunterkolonialisierte Sinnlichkeit der Bourgeoisie, in uns und außer uns, unter dem attraktiven ökonomischen Druck von derer augenblicklich stärkster Nation: den USA [...]. Längst führt Hollywood auch in unserem Stammhirn Regie' (*KH*, 129). Hollywood not only falsifies history, but supplies behavioural patterns and social values which have become second nature to us. Piwitt would remind us that there is nothing 'natural' about that second nature.

In the essay 'Zwei Nachworte zum Vergehen von Hören und Sehen ...', which concludes the volume *Die Umsegelung von Kap Hoorn*, and which is taken over verbatim from the earlier *Literaturmagazin 5* collection, where it served as a preface, Piwitt again seeks to define his aesthetic. He argues here that in certain historical circumstances (of which 1967–8 is one) large numbers of people become 'Herr ihrer Sinne' and the function of the literary intellectual becomes temporarily redundant. In the aftermath of 1968 and in a mood of disillusionment, writers have retreated from the public domain 'um das Glückverlangen der Menschen wenigstens im

Kokon der Kunst über die politischen Winter zu bringen' (*KH*, 229). In dark times – this is the implication – literature concentrates on its critical, deconstructive function. Its task is largely negative, namely to clear away the ideological ballast which surrounds our everyday experience. Piwitt gives two examples, one from the language of advertising: 'Ich mache mir einen Kaffee. Der Kaffee ist, laut Etikett, "Kultiviert, elegant und von noblem Charakter". Wer möchte das von den Menschen behaupten, die ihn pflücken, transportieren, herstellen?' (*KH*, 234). The second example is from political discourse. We are fully aware of the ideological manipulation inherent in the political language of our grandparents. Terms like 'Landesvater', or 'Heldentod', we recognize for what they are. At the same time our own socio-economic and political vocabulary (terms like 'Arbeitgeber', 'Verbrauchermarkt', 'Entwicklungshilfe') bears an ideological freight of which we are less conscious. The role of the writer is to lay bare these mechanisms of manipulation: 'Wo der Realitätssinn unter den herrschenden Bedingungen der Lebensfürsorge ebenso im täglichen Sprachgebrauch vernichtet wird, gewinnt der Künstler, der Schriftsteller seine Rolle als Spezialist für die unterdrückte Natur des Menschen zurück' (*KH*, 235–6).

As befits a writer who sets such a standard and whose emphasis is on the critical, deconstructional function of writing, Piwitt can be very hard on his contemporary literary colleagues. Confessional writing, literature which seems to invite shared experience, is the object of his particular repugnance. Among Piwitt's left-wing contemporaries, Peter Schneider, Uwe Timm, Hans Christoph Buch and Bernward Vesper all fail the test: either they subscribe to the theory that literature is subordinate to political action, or they supply in their writing an invitation to the reader to empathize with their central characters, and in so doing forfeit the kind of critical detachment which Piwitt demands. Nor does feminist writing offer an alternative: Karin Struck and Verena Stefan also set out to provoke the response 'Genauso war's bei mir. Genauso unglücklich bin ich auch' (*KH*, 78). Anyone who can entitle an essay 'Der Anteil der Frauenbewegung an der Zerstörung der Vernunft' is hardly likely to endear himself to feminist readers, though in *Die Umseglung von Kap Hoorn* Piwitt is careful to include a feminist essay by Ingrid Kolb to redress the balance. The arguments which Piwitt advances are consistent: either feminist writers merely invite empathy, or they subordinate their writing to theoretical ends; they make, in other words, the same mistakes as the male authors listed above. The positive counter-examples which emerge from Piwitt's essays are, perhaps not surprisingly, few in number: Rolf Dieter Brinkmann (at least in the period before *Rom, Blicke*), Nicolas Born, the Italian writer Tommaso di Ciaula, perhaps Brigitte Wormbs. The virtues which he identifies in these authors embody his own aesthetic programme. Tommaso di Ciaula is a case in point. While West German left-wing writers are split between economists and ecologists, between trade-unionists and greens, between political commitment in literature and phantasy, di Ciaula manages to reconcile these differences. His books, translated into German as *Der Fabrikaffe und die Bäume* and *Das Bittere und das Süße*, are, for Piwitt, 'Momentaufnahmen auf Zetteln, Erinnerungsfetzen, Notate vom Ärger im Betrieb oder Zuhause, Tagträume, festgehalten in der Mittagspause, nach Feierabend, an einem Sonntag. Und doch als Bücher schöne Werkstücke ... [...]. Hier duftet und blüht alles aufregend und fröhlich durcheinander, Zeugnis ablegend für ein anderes mögliches Leben' (*KH*, 197). Here, more than anywhere, is the blueprint for texts like *Deutschland. Versuch einer Heimkehr*. Piwitt's closing remarks on di Ciaula could well serve to sum up his own vision: 'Di Ciaulas Welt ist nicht heil, auch die erträumte oder erinnerte nicht; aber seine Wahrheit noch (oder schon wieder) ganz: rot und grün. Er erfindet keine Menschen, Bilder und Geschichten. Und doch hat er sonst alles, was einen Dichter ausmacht: Universalität im Detail' (*KH*, 198).

Deutschland. Versuch einer Heimkehr opens with a discrete sixteen-page section devoted to Piwitt's own upbringing under National Socialism. Readers of *Die Gärten im März* will be familiar with these memories, as they formed part of Ponto's reflections on his childhood in that earlier text.[3] We begin with 'das Kind allein, befremdet, für sich, ohne Angst, behütet' (*D*, 5), a prelude to 'ein ganzes Leben, sich verloren und zugleich geborgen fühlen' (*D*, 10). Piwitt's strategy is to take the word 'Heimkehr' and contextualize it so that the paradox of his upbringing is made tangible. The child's forays into a winter landscape are followed by a return to familial warmth: 'Und dann heimkehren in die warme Küche, mit Frost in den Händen und sie dem Vater unter die Achseln stecken, bis sie jucken vom Zurückpulsen des Blutes' (*D*, 12). At the same time the child knows from his stamp collecting that the Protectorate of Bohemia and Moravia has returned to the German Reich ('heimgekehrt'). The linguistic association underlines the point: the authoritarian structures of both the family and the National Socialist state offer security and warmth; only in retrospect is the connection apparent: 'Wie ist das auszuhalten? Die schönsten Jahre eines Lebens verbringen, während draußen, jenseits eines totalen Systems von Glück und Behütung, das totalste Blutbad stattfindet, entfesselt und betrieben von denen, mit dessen Einvernehmen allein soviel Glück möglich ist?' (D, 13). The persistent image is of the child playing in the garden, dimly aware of his father's presence, protected, secure, yet absorbed in his game. An idyllic childhood is conjured up, but its precarious nature is revealed only too swiftly to the growing boy, as his father loses his job as a civil servant when the Nazi regime collapses. What is the connection between this preamble and the text which follows? The reader is encouraged to seek here an explanation for the author's hypersensitivity, his refusal to accept prevailing ideological and authoritarian values, his search for a garden which does not depend for its security on a corrupt political system. Nor is Piwitt's experience merely individual; he can speak for a generation of those damaged by the childhood experience of National Socialism and whose relationship to authority, epitomized by father-figures, is crucially undermined.

Deutschland. Versuch einer Heimkehr is, at least in its opening section, a contribution to the 'Väter-Literatur' of the 1970s and 1980s, but, for Piwitt, the recollection of childhood cannot be an end in itself; it must be used to shape a set of questions about the present. Moreover, it is not merely private and personal; it lays bare wider social and political mechanisms which must ruthlessly be explored. The childhood landscape is an embattled idyll, and while in a political sense its loss cannot be lamented, in ecological terms its loss is palpable. Like di Ciaula, Piwitt would be red and green at the same time, and would seek to convey 'Universalität im Detail'. Subsequent episodes in the book may all be related to Piwitt's aesthetic. An excursus on sexual morality (D, 26–40) highlights the dubious gender attitudes of the 1950s, combining personal reminiscence with a more general indictment of West German public values. A section (D, 45–7) relating to a friend named Abend, a cipher for Bernward Vesper, manages to relate Piwitt's own childhood experience to the Student Movement of the 1960s and terrorism in the 1970s. A section (D, 58–72) which serves as a tribute to his friend Nicolas Born (here called Brandes) enables Piwitt to explore their shared analysis of capitalism in the late

1960s and early 1970s. An excursus on Finkenwerder (D, 73–93) relates his own family background to a brilliant literary analysis of Finkenwerder's most famous writer, the novelist Gorch Fock. Another section (D, 93–100) simply records the narrator's dreams, memories and reflections. While there seems something almost arbitrary about these kinds of insight – 'weil sie mir gerade aufkommt . . .' (D, 99) – they form part of the narrator's consciousness, expressing his values. A theoretical essay on capitalism and colonialism (D, 100–4) is an attempt to demythologize the 'Wahnsystem' which forms part of our collective consciousness. A veiled autobiographical section (D, 104–13) narrates an unhappy love affair; the central male character is called Ponto, the figure to whom Piwitt ascribes his own personal past in the novel *Die Gärten im März*. A further section (D, 114–31) contains a series of reflections on the media, exemplified by newspaper cuttings and comment on films and television programmes virtually all taken from 1980. A section is devoted to architecture and town planning (D, 128–41), in which the relationship of capitalism to both urban and rural landscapes is explored, linking Piwitt's childhood world with the broader critique of capitalism found in the early pages of the text. There follow reflections on the role of culture in a period of ecological crisis, a literary interlude about a former GDR writer called Axen (who bears an uncanny similarity to Hans Joachim Schädlich), and an account of a Sardinian landscape despoiled by the new colonialism of tourism. In a last section, Piwitt returns to thoughts on Germany and national identity. It is clear that he regards a certain kind of nostalgia as quite acceptable, as a positive counter-construction to capitalism and its blandishments. But the final image of the text is a corrective to any hint of sentimentality. For all Piwitt's genuine warmth for the German landscape, he and his photographer are chased off someone's property while seeking a suitable image for the dust jacket of the book. The 'Versuch einer Heimkehr' is an abortive one, though paradoxically we return at the end of the text to the appropriately named Wohldorf which was our, and his, starting-point.

In the interests of supporting the premise that Piwitt's strategy is more consistent, less arbitrary, than it may first appear, I should like to examine in more detail two of the lengthier sections of the text. The first is a generous tribute to Nicolas Born, Piwitt's close friend, whose premature death from cancer in December 1979 elicited from his literary contemporaries expressions of shock and declarations of approbation. Günter Grass's *Kopfgeburten* (1980), for example, weaves into its narrative as a single strand an eloquent tribute. Piwitt's account of his early years in Berlin is simultaneously a moving, if not uncritical, account of his relationship with Born/Brandes. Piwitt's text offers a more precise analysis of Born's literary development than is apparent at first sight. 'Brandes [...] schrieb Gedichte. Es ging darin um Berg-Invaliden, arme Teufel, kleine Affären in Köln-Knappsack' (*D*, 59). References here are to Born's poems 'Bergschäden' and 'Eine Liebe'.[4] Piwitt traces Born's literary development in tandem with both a personal history of their relationship and an account of the Student Movement. The next phase in Born's development was also a more general phase of politicization: 'In seinen Gedichten tauchte das Wort "Bulle" auf' (*D*, 61), a reference to Born's poem 'Der Kampf mit den Bullen'.[5] It is in collaboration with Born that Piwitt reflects on perceptions which do not appear in what Born called the 'eingepaukten Wirklichkeitskatalog': 'Gab es sie, die Utopie der schweigenden Mehrheit? Und war sie am Ende – wider Erwarten und Übereinkunft – nützlich und schön?' (*D*, 65). This question serves to explain the manipulation which advertising embodies: suppressed desires, secret dreams, are diagnosed and then offered in conjunction with the purchase of certain products. The products do not, of course, deliver the dreams with which they are associated. Piwitt and Born, committed to deconstructing the cynical methods of advertising, develop a kind of counter-questionnaire in order to gain access 'zu den unprogrammierten Wünschen' (*D*, 67). The results seem to indicate that the 'Wahnsystem Realität' had its limits: they discover 'niemand, der nicht gern weniger Konsumgüter in Kauf genommen hätte und der Güter willen, die die Natur kostenlos produziert: Sonne, saubere Luft, Flüsse und Seen, in denen man schwimmen konnte' (*D*, 68). Again, the link between this idealistic enterprise and the image of untainted nature in Piwitt's childhood memories becomes apparent. Born's development as a poet seems to vindicate these sociological experiments. Images of unexpected, everyday happiness begin to offer signs of 'das Aufplatzen des Wahnsystems Realität' (*D*, 68). If Piwitt draws attention to precisely this feature of Born's most significant volume of poetry – he has in mind *Das Auge des Entdeckers* (1972) – then it is not least for personal reasons. Born's poem 'Zuhausegedicht' contains the following lines:

noch gestern nacht waren wir unglücklich
wir hatten zuviel von Glück gesprochen
[...]
sicher ist deshalb dieser Morgen so schön
einmal wollen wir für uns selber da sein
und für andere
das ist der Einsatz den wir heute wagen
Piwitt fragt mich ob er hier vorkommt
ja sage ich aber nur als Name
er ist zufrieden und bricht auf
zu einer Wanderung[6]

The title of the poem supplies Piwitt with a motif which explains the next (and final) phase of Born's life, a vain quest for domesticity: 'Er begann sich ein Leben einzurichten. *Sein* Leben. Mit Frau und Kindern. Und einem Bauernhaus auf dem Lande. Und wenn er sagte: "Komm. Wir werden einen Braten in die Röhre schieben!" dann war das ein Zuhause' (D, 69).

The estrangement between Born and Piwitt is described here as both a political and an aesthetic one. Born is reported as turning against the Left. His political development highlights one of the central difficulties of Piwitt's aesthetic. Born

> verwarf Prinzipien, jene deutende und ordnende Erkenntnis, die die Dinge ins reine bringen wollte. Er tat es, weil er damit rechnete, daß nun die Dinge *rein* in ihn hineintreiben wurden. Und tatsächlich taten sie es; auf einmal waren sie wie neu. Und wiederzuerkennen, so wie sie noch nie zu sehen gewesen waren. Aber Sinn, Bedeutung läßt sich nicht ungestraft aus den Dingen entlassen, ersetzt man sie nicht durch andere Bedeutung. (D, 70)

Born's aesthetic seems to remain consistent with Piwitt's own ideas, namely that the poet should approach the world with the 'Auge des Entdeckers', to cite the title of Born's most admired collection of poems. The poet's task is to strip away bourgeois values and false consciousness and re-create the world anew, to reveal the 'Dinge an sich' as it were. But by abandoning his political convictions, his standpoint, Born forfeits, in Piwitt's eyes, the right to determine what false consciousness is. The world is shown, stripped bare to its essentials, but the absence of a standpoint means that the reality thus revealed cannot serve as an impetus for social change. The literary strategy might be correct, but what emerges has merely a private meaning. The Born/Brandes section of *Deutschland. Versuch einer Heimkehr* serves the dual purpose, then, of paying tribute to a close friend and of further refining a theory of literature which is tested out here in a variety of contexts. A second section of the text which repays closer analysis is the excursus on Gorch Fock (the pseudonym of Johann Kinau), in which Piwitt demonstrates his capacity to deconstruct literature so as to lay bare its ideological implications. The ostensible impetus is personal; the attempt to trace his maternal forebears in Finkenwerder is a prelude to a historical account of the grinding poverty, the constant fear of flooding, the isolation and in-breeding of the island. Piwitt quotes at length from two of Gorch Fock's texts in particular: his novel *Seefahrt ist not!* (1912) and *Sterne überm Meer. Tagebuchblätter und Gedichte von Gorch Fock* (1918), edited by Aline Bußmann. His analysis of Fock's enormous popularity is based on the premise that what was in fact an economic struggle of the independent trawler-owner against a larger fishery industry is presented as a Darwinian struggle for life, a battle against the elements. Gorch Fock's capacity to convey the sights, the sounds and the smells of Finkenwerder is what makes him of interest today: 'Daß in Gorch Focks Finkenwärder,[7] so wie er es mit einer für seine Zeit fast beispiellosen Liebe zum Detail schildert, aber auch eine Utopie steckt, über unser derzeitiges Leben hinaus, macht seine Aktualität aus' (*D*, 79). Gorch Fock's sense of the language, customs and daily experience of the fishermen of Finkenwerder enables him to distil a truth ('etwas Natürliches, Ursprüngliches') which is of relevance today. Piwitt is clearly sympathetic to the conservative values inherent in Fock's attempt 'das Brauchbare am Überlieferten gegen das bloß Moderne zu verteidigen' (*D*, 79). With his ecological sensibility, his attack on the new capitalist values of the marketplace, Fock offers a positive model. But when Fock moves, in his analysis, to discuss nationalism, he can be dismissed as 'reaktionär', 'der blutige Militarist', 'der potentielle Faschist' (*D*, 80). Piwitt's ambivalence is instructive: he admires *Seefahrt ist not!* as a moving, richly detailed document of a declining culture. Moreover, in that culture he identifies 'das Zeug zur konkreten Utopie' (*D*, 91). At the same time he reviles the reactionary ideology, which he illustrates fully by extensive quotation.[8] Piwitt's own conclusion is that no writer, no literary text, is an organic whole; texts may be politically dangerous, yet contain progressive elements. The contradictions and discontinuities must be examined critically.

If a writer as politically dubious and misused as Gorch Fock may be saved solely because he depicts with sympathy the decline of rural values in the face of capitalist modernity, then it is clear that ecological factors are of immense significance to Piwitt's position. The closeness to nature, the clean pond in which the child Piwitt observes and can name and distinguish various insects and amphibians, operates as a counter-idyll throughout the text to the depredations which nature undergoes. Examples are legion. 'Längst ist Natur befriedet, eingefriedet, ausgeschlachtet, die Rasen gestutzt, die Rabatten staatstragend, der Wald längst Hinterzimmer für die Vorgärten, das Hochgebirge verpistet; erniedrigt, beleidigt, verplant, verkabelt, verrohrt, erloschen ... ' (D, 44). The destruction of the landscape, the spread of modern housing developments into national parks, the casual contravention of building regulations, whether this be in the Taunus or in Sardinia, is one of the most insistent themes of the text. The opprobrium attaching to tourism within an ecological argument equals that which attaches to colonialism in a socio-economic and political context. Piwitt is aware that red and green values are uneasy bedfellows, but he employs each set of values as a corrective to the other. Within the ecological argument conservative values may be admirable, but can become ideologically dangerous in a socio-political context (*pace* Gorch Fock); radical left-wing values are an essential tool for the deconstruction of the cultural values of capitalism, but can become dubious when they neglect the sensuous detail of things, when they ignore the claims of the natural world. Piwitt's aesthetic involves depicting collisions between these contrasting values, testing them out at the margins.

I have already drawn attention to the stylistic and textual plurality of *Deutschland. Versuch einer Heimkehr*. It contains autobiography, literary essay, political analysis, media discussion in diary form, more obviously fictional interludes, anecdotes, accounts of dreams, and travelogues. These are held together by an overarching concern with values, ecological and political, and underpinned by an idiosyncratic aesthetic. The text as a whole, though more autobiographical in tenor than any other of Piwitt's texts, does not differ markedly from some of the essay collections, which themselves contain, alongside more conventional essays on political and aesthetic matters, elements of travelogue or autobiographical pieces. There is an unmistakably authentic voice, splenetic and sarcastic at times, tender and warm at others. The attentive reader will spot other connections between the different sorts of text. The autobiographical narrative contains a reference to the narrator's cat: 'Na komm, spring schon, hopp auf den Schreibtisch' (D, 73) encourages the narrator, whose memory is suddenly jogged by the cat's fur and who recalls the white breast of his favourite goose (which reminds the reader of the earlier childhood episodes and the execution of the thief who stole one of the geese). Within the more conventionally fictional narrative in which Ponto relates his unhappy love affair a similar detail is inserted: 'Am Schreibtisch eingeschlafen, spürte er [Ponto] einen Luftzug an seinem bloßen Arm. Haare waren über seinen Arm gestrichen, so daß ihn fröstelte. Seine Katze war auf den Tisch gesprungen' (D, 109). What Uwe Johnson calls 'die Katze Erinnerung' operates in both the autobiographical passage and the Ponto narrative. And its repetition draws the reader into the process of remembrance. Similarly, the narrator's first experience of love is associated with 'Das Reiterchen suchen auf der Deichsel des Großen Wagens' (D, 12), a motif echoed in the Ponto episode, when love is again associated with star-gazing: 'Die Nacht ist klar. Und als er hochsieht, erkennt er den Orion, die Gürtelsterne des Orion, die er ihr gezeigt hatte, als sie sich zum erstenmal in die Arme gefallen waren. Damals hatte er ihr erzählt, daß die Phönizier nur solche Männer zur See ließen, die das Reiterchen auf der Deichsel des Großen Bären mit dem bloßen Auge erkennen konnten' (D, 108-9). The first-person narrator whose autobiography occupies the opening section of the text, and whose text offers the reader a promise of authenticity is thus related to the fictional creation Ponto, and both are perhaps in different ways vehicles for Piwitt's own experience. Piwitt is at pains to draw parallels between these different strands of the text, as if to underline that the roots of both fiction and autobiography lie in lived experience. The 'Anruf Mutter' passages (D, 26, 57, 98 and 147) which punctuate the text also serve to remind the reader of the importance of formative experiences in shaping the narrator's adult values and assumptions, whether positively or negatively.

The literary and cultural context of Piwitt's text helps to explain its resonance. The book offers valuable historical insight into the shift of interest on the West German Left after the enthusiasm of the late 1960s and the disillusionment of the 1970s, both of which are well documented by Piwitt. The early 1980s saw the beginning of the Peace Movement in the wake of the NATO decision to deploy Cruise and Pershing missiles in Western Europe. In 1981 a 'Begegnung zur Friedensförderung' took place in Berlin, attended by prominent writers of both German states; the same year saw the 'Krefelder Appell', which attracted signatures of leading artists and writers. The following year an international meeting in The Hague and the Cologne 'Internationale Literaturtage' reinforced the opposition to the NATO 'dual track' decision. One of the consequences of the new sense of vulnerability in West Germany, the realization that NATO was contemplating as part of 'flexible response' the use of theatre nuclear weapons on German soil, was a new sense of German identity. The reappearance of the term 'Heimat', purged now of the negative connotations with which it had been imbued under National Socialism, accompanied this sense of vulnerability. A new green consciousness, allied to opposition to the arms race, was beginning to make itself felt. Piwitt's text bears eloquent testimony to this shift of values. 'Heimat', 'Heimkehr', can now acquire positive associations. The success of Edgar Reitz's *Heimat* (1982), which became a major television success two years after its release, attests to a new attempt by the Left in the Federal Republic to occupy the term. Piwitt is, of course, only too well aware of the dubious legacy of the word, as his opening section on the Nazi 'Heim ins Reich' propaganda displays. But, underlying his critical deconstruction lies a genuine warmth for a German landscape threatened now by the town planners, the second-home purchasers, big business and its pollution. Piwitt the child could still delight in a naively direct sense of 'Heimat', evoked by the maps of Germany in his schoolboy atlas; the adolescent has already forfeited this immediacy: 'Und dann irgendwann nach dem Krieg die Erkenntnis, daß dieses Land gar nicht Heimat war, sondern aufgeteilt, parzelliert, zu Grundstücken zerstückelt, verhackstückt zu Eigentum bis hin zum abstraktesten bedrohlichsten Eigentümer, dem Staat' (D, 145).

Piwitt's critique of capitalism is based on the premise that 'es gibt nichts Heimatloseres, Entwurzelteres, Ahasverhafteres als das Kapital' (D, 166). International capitalism, with its global interests, its quest for ever lower production costs, has no interest in 'Heimat'. Now that the political Right has abandoned the term, it may safely be reoccupied by the Left. It may now stand for an anticapitalist rootedness, a sense of community and place, a defence of the embattled idyll. Moreover, its roots lie in the past, in childhood, a childhood that Piwitt acknowledges to be highly problematic.

'Heimkehr', interpreted as a critical engagement with that landscape of childhood, is attempted in Piwitt's text, even though he knows that the enterprise is fraught with difficulties. Despite his own protestations of failure, there is a sense in which Piwitt succeeds in what he knows is impossible: he does manage to distil something of what 'Heimat' signifies, even if it remains a tenuous literary invention, open to all those processes of demythologizing and deconstruction which Piwitt demands of critical reading. His text does manage to convey 'Heimat als Aggregatzustand der Seele', even if we concede, with Piwitt, that it 'macht schwer und traurig' (D, 131).

Notes

[1] 'Ich habe in der Oberalster schwimmen gelernt', in *KH*, 210–16 (here 210); also in *Deutsche Volkszeitung*, 19 August 1982.

[2] *Literaturmagazin 5. Das Vergehen von Hören und Sehen. Aspekte der Kulturvernichtung* (1976). The volume, which was co-edited by Piwitt, contains a documentary account of the subjection and destruction of the American Indian population, entitled: 'Als die Weißen kamen, begann für uns der "Wilde Westen"' (70–84).

[3] See *GM*, 130–56; further reminiscences, such as the young boy warming his frozen hands in his father's armpits, are found in *BaB*, 114.

[4] See Nicolas Born, *Gedichte 1967–78* (Reinbek, Rowohlt, 1978), 26 and 36. Piwitt's spelling 'Knappsack' is, correctly, 'Knapsack' in Born's original.

[5] Born, *Gedichte 1967–78*, 53.

[6] Born, *Gedichte 1967–78*, 95. The previous poem 'Tag in Osternnähe' also contains a tribute to Piwitt in the line: 'Ist das Bein des Bergmanns Wu stumm' (*Gedichte 1967–78*, 94), a reference of course to Piwitt's essay collection of that name.

[7] Piwitt notes that as late as 1850 Finkenwerder 'sich [. . .] noch mit "ä" schrieb' (*D*, 74).

[8] The text of *Deutschland. Versuch einer Heimkehr*, 82–92 is almost exclusively a mosaic of quotations culled from *Seefahrt ist not!*, *Sterne überm Meer*, and Fock's story 'Der Krämer'.

7

'Die ungeheuerlichsten Dinge':
Hermann Peter Piwitt's
Ein unversöhnlich sanftes Ende

DAVID BASKER

Born in 1935, Hermann Peter Piwitt falls between the generation of West German writers who, having experienced National Socialism as adults, went on to shape the literary scene of the early Federal Republic and the next generation of writers, the beginnings of whose careers coincided with, and were shaped by, the unrest surrounding the Student Movement of the late 1960s. While this is, of course, an accident of birth, in temperament, literary style and political commitment, Piwitt has steered a course distanced from the famous names of the Gruppe 47; and, for all his continued engagement with left-wing politics, Piwitt's views on the way in which literature can and should raise political awareness have led to differences of opinion with several '68ers.[1] At the beginning of his career, one might argue, it was precisely the fact that Piwitt was not like the rest that led him to be celebrated as the 'Geheimtip' among new authors. In more recent times, however, he has become a somewhat unfashionable writer, a fact of which he is acutely aware. Partly this is the result of a demanding stylistic approach, which, however unjustly, stands in the way of popular success. At the same time, Piwitt's own political stance – a continued commitment to socialism modified by a growing awareness of green issues – has led him to draw some desolate conclusions about life in the Federal Republic of the 1990s, conclusions that make his latest novel, *Ein unversöhnlich sanftes Ende* (1998), a very disturbing read. This chapter will begin with a close analysis of the novel itself, with particular emphasis on its complex and thematically significant structure. This analysis will, in turn, be placed in the context of Piwitt's personal and political development in post-unification Germany.

As with Piwitt's earlier novels, it is clear that stylistic and formal experimentation plays an important part in *Ein unversöhnlich sanftes*

Ende. The 'Roman' is divided into some forty separate sections of varying length, each with its own heading.[2] Successive sections are narrated from different viewpoints, sometimes by a distanced, apparently omniscient narrator, sometimes in the first person by the figures who participate in the stories that are recounted. Piwitt's narrators in the novel thus include, among others, a mother who is worried that her son is in danger from a paedophile, a writer, a retired gardener, and a disillusioned music critic. In a similarly varied way, the relationship between the narrator of each section and the events that he or she is narrating changes with Piwitt's style. In some sections, the description is controlled and laconic, focusing clearly on events in the outside world, with a distanced, ironic narrator to orientate the reader from the outset: 'Und wen haben wir da? Richtig, es ist der Reisende' (*usE*, 67), exclaims one narrator, by way of guidance. In other sections, the narrator's own thought processes shape the account, triggering a sometimes bewildering stream of associations. Caught in a train carriage with a man who insists on engaging him in conversation, for example, one of the narrators tries to sleep to avoid his tormentor; as he hovers between waking and sleeping, bizarre dream images enter his head, and appear directly on the page, including memories of his mother, of her father, and of his life at sea[3] – only to be interrupted by another banal question from his thoughtless travelling companion in the real world. The analogy of the kaleidoscope, much favoured by literary critics writing about Piwitt throughout his career, suggests itself once again as a means of characterizing his narrative technique in this connection.

At the same time, various elements in the text serve to pull together the otherwise fragmented perspective that this narrative approach offers. At one level, this consists of a series of motifs that recur in separate sections that are otherwise unconnected: a number of characters wear camel-hair coats, for example; on several occasions, narrators recount the death of a friend or family member in a car crash; and the delights of consuming a 'Käsegebäck' are familiar to more than one of Piwitt's figures. More obviously, the headings that introduce each section point to strands of description that run throughout the novel. There are three main groups here: sections specifically concerning the experiences of 'der Reisende', M., the otherwise unnamed figure who travels through Europe and even further afield; those that are played out in the public 'Freibad'; and those that take place in an unnamed southern European country, obviously Italy, that are introduced with the stage direction 'Südlich des Territoriums'. That is not to say that Piwitt has simply broken up three separate but continuous narratives and scattered their parts throughout the novel. The links between the components of each strand are frequently unclear, to the point that the reader must sometimes wonder if it is the same traveller whose journeys we see, the same 'Freibad' we visit on each occasion. Moreover, within each strand, the narrative perspective changes repeatedly. On some occasions 'der Reisende' speaks in the first person, on others an omniscient narrator describes his picaresque adventures. One might even suspect at times that the traveller is also the observer at the swimming pool and the figure who is trying to settle to life in Italy. Piwitt offers no guidance to the reader here, and one cannot be certain.

The tension between a pattern of links and disorientating uncertainty is reinforced by the novel's setting. On the one hand, all of the sections are clearly located in the contemporary world: Piwitt is describing episodes from life in Europe in the 1990s, as a number of cultural references (to computer games, for example, and to the American TV comedy *Cheers*) and sections set in post-unification Berlin indicate, in particular. On the other hand, specific references to dates and times are almost entirely absent from the novel. Piwitt's first narrator recalls childhood episodes from the end of World War II and goes on to tell us that he is now sixty; the mathematics puts his recollections in the second half of the 1990s, but we can be no more certain than that, and nothing that follows is any more precise. In the same way, the geographical setting for the separate sections is presented in a curious way. At no point in the novel is Germany identified as such: throughout it is 'das Territorium', which is now, post-unification, 'erweitert'. Thus, 'Südlich des Territoriums', the reader is able to deduce, lies Italy; and both countries are part of the 'Groß-Territorium' that must be continental Europe. When we are in the former GDR, according to this system of euphemism, we are 'in den einverleibten Terrains'. City names are similarly absent and references to them work in the same way: Berlin is 'die neue Hauptstadt' (*usE*, 12) now, 'die ehemalige Hauptstadt' (*usE*, 127) in the cold-war reminiscences of one narrator; Hamburg is the 'Hafen-Metropole' (*usE*, 165), while it is to the 'südöstliche Metropole' (*usE*, 67) – obviously Munich – that the 'Reisende' attempts to fly without the aid of his reading glasses. It is straightforward enough to make these connections, but the effect of avoiding the proper names is twofold: first, the renaming of familiar places is unsettling and demands that the reader look at them afresh; second, the absence of a specific set of names means that the situations described are not so firmly tied down to one location, that they could be applied more generally. As we shall see, both of these elements are of thematic significance too.

Through Piwitt's particular narrative approach, then, *Ein unversöhnlich sanftes Ende* presents the reader with a kaleidoscope of images of life in Germany and its surrounds in the second half of the 1990s. Built into this narrative technique is a tension between connection – linking scenes within the novel and linking the novel with a recognizable place and time – and fragmentation: the discontinuity of apparently related sections, the changes of narrative perspective, the absence of clear spatial or temporal co-ordinates. How, then, do these techniques reflect the situations that Piwitt describes in this unusual way?

The opening sections of the novel seem, at first sight, to consist less of a political analysis of the contemporary age than of a set of gentle, at times affectionate observations and reminiscences. Piwitt's first narrator, for example, recounts his memories of a childhood friend who became a professional footballer; 'Ditschi' even represented the 'Territorium', but then died in a car crash. The narrator finds himself in a park that has been named after his dead friend: 'Und wenn ich mir vorstelle, daß der "Park", oder was da so heißt, der grüne Fussel, der Länge nach Ditschi darstellte, bloß in groß, und hinten, oben, wäre sein Kopf, dann sitze ich etwa in Höhe seiner Badeschuhe' (*usE*, 10). Here, he falls into conversation with a woman in her seventies who gives a humorous account of her amorous liaison with an eighty-seven-year-old: 'Da habe ich ihm Essen gekocht, und was tut er? Nimmt sich die Zähne raus und legt sie neben den Teller. Hab ich keinen Bissen mehr runtergekriegt' (*usE*, 11).

The earliest episodes in the three main groups of sections work in a similarly light-hearted direction. In the 'Freibad', the narrator gives a sensuous description of eating chips, having come to the help of a woman who has mistakenly been given a portion with mayonnaise instead of ketchup; he is witness to the adolescent mating rituals of the teenagers around the swimming pool – the boys try to impress the girls, the girls pretend not to be impressed – and the narrator's conclusion implies that little has changed since his youth, however long ago that might be: 'hier in meinem Schwimmbad, dem lieben, alten. Draußen vor der Stadt. In diesen Tagen. Damals. In der Steinzeit' (*usE*, 74). More specifically, in a separate section he is captivated by the games of mutual attraction played out by a teenage couple: 'Und ich konnte die Augen nicht abwenden von diesem Spiel des Bedrängens und Abwehrens, des Abwesend- und Gekränktseinspielens, des Kommen- und Gewährenlassens, das kein Ende nehmen wollte' (*usE*, 81). Male–female relationships might not be easy in the first parts of the novel, but they are a matter for fascination and gentle amusement, as other sections confirm: one narrator offers a lovelorn acquaintance the piece of advice that women were more attracted to him when he wore a hat, only then to meet the same acquaintance wearing 'eine weinrote Schirmmütze' (*usE*, 61) that makes him look ridiculous; and another narrator finds his erotic fantasy about a beautiful shop assistant shattered when she 'läßt [...] ihre Stimme hören: eine quäkende, fiepsende, flache, rundum grauenhaft banale, kurzum vernichtende Stimme' (*usE*, 36).

These sections from the 'Freibad' strand and other connected scenes offer slices of experience that suggest human relationships might be complicated, but can be the source for some – admittedly vicarious – sensuous pleasure. The early scenes connected with 'der Reisende' mostly have a similar tone. There are a number of anecdotes, for instance, about the problems connected with the process of travelling itself. The trip to the 'südöstliche Metropole' for the traveller finds him unable to enter the correct combination to the lock on his briefcase, because he cannot see properly without the glasses that are safely enclosed inside it; panic sets in, he is unable to find the correct gate for his connecting flight, and it seems, for a moment, that the story might take a distressing turn, since the traveller's medication for a heart condition also appears to be locked away. All ends well, however, and the traveller's feeling of relief at reaching his destination ('Glücklicher, glaubt er, war er nie' (*usE*, 71)) must be familiar to anyone who has experienced the disorientation that can accompany travel by aeroplane. Indeed, in one of the longest sections of the text, the combination of human weakness and a failure to observe the rules of travel appears once again. Having been invited to give a lecture in an unnamed Asian country, the traveller is again on board an aircraft. This time, he has forgotten his passport and, after a long and uncomfortable flight, he is promptly put on the first plane back to

Germany by the Asian immigration authorities. Piwitt sympathetically captures the panic, the helplessness, the discomfort that can accompany international travel by a means of transport that defies reasonable explanation: 'Daß rund hundertfünfzig Tonnen Gewicht in einer ständig hörbar zerbrechlichen Leichtmetallhülle sich nicht nur in die Luft erhoben, sondern auch viele tausend Kilometer zurücklegten: Es war nicht logisch; war nie logisch gewesen, sooft wie M. schon geflogen war. Nur als Traum, als Alptraum, hier, hatte es Vernunft' (usE, 87). The overall tone of these passages is one of gentle irony at the way in which the demands of international travel can render all human endeavour pointless.

If travel in the modern age is a stressful experience, then staying in one place is potentially idyllic, as the early sections that are set 'Südlich des Territoriums' indicate. In the Italian village to which the narrator and his wife regularly return, life seems agreeably uncomplicated at first. Nature is unspoilt, the birds sing, the forest is at hand, and even the constellations in the night sky trigger happy memories. In the most appealing and comforting section of the whole novel, the narrator cherishes an idealized vision of peaceful retirement:

> Und so hattest du es dir vorgestellt: Frühling, Sommer und Herbst hier zu verdämmern, sich aufzulösen im Schlaf der Welt mit dem Summen der Insekten, dem Geschrei der Spatzen als Horizont am Ohr; und winters oder bei Regen die Landkarten und Briefmarken hervorzuholen und die Phantasie darin spazierengehen zu lassen. (usE, 93)

Italy in these sections offers the narrator good food, the company of a loved one, pleasant pastimes: 'Und vielleicht am Ende doch die totale Gedankenleere im Kopf sich herstellen ließe, will sagen: Freiheit vom Schmerz' (usE, 94).

For all the amiable humour and pleasant images that appear in the first half of the novel, however, there are signs that there are less comforting things to come. The different narrators' appealing or gently mocking observations about human relationships, for example, are offset by the disturbing account of the panic triggered among a group of mothers who fear that their children are under threat from a strange man who has started talking to them in the park. The title of the section is 'eine üble Geschichte' (usE, 42) and one mother in particular fears that the evil is growing: 'So, wie das Übel sich immer unverhohlener breitmache in diesen Tagen;

überall und nicht nur in der Region, Übergriffe, wie wir uns nicht vorstellten; in unseren schlimmsten Träumen nicht' (*usE*, 48). There is no empirical proof in the story that the man in question has actually done anything wrong; but the mothers are only too aware of the potential threat, and the atmosphere of fear, panic and hostility is very strong. The technique of using discrete sections has a powerful effect here, for this frightening story modifies the meaning of more innocent observations in other sections: sexually determined behaviour might be appealing in the adolescent games at the swimming pool, but it has a very sinister side too.

In the same way, although Piwitt uses humour in a number of the sections, on closer inspection it becomes clear that that humour emanates from a detached and rather dark perception of human beings and their endeavours. Often it arises from a sense of human imperfection, both physical and intellectual. The shop assistant's voice *is* presented unpleasantly, even if it does offer a comic contrast to the narrator's fixation; and the novel is littered with other unappealing physical descriptions. One might sympathize with the traveller in his various adventures, for his problems are caused in large part by forgetfulness. Yet, his perspective on other human beings, on the world beneath him as he looks through the aeroplane window, is very bleak:

> Dann rafften sich nur noch scheinbar leblose, baumlose Gebirge hoch, graubraune, kahle, wüste Vergratungen, die kein Ende nehmen wollten, schwarze hartgebrannte Kacke überall; und nun wirklich wich Scheiße nur noch unter Scheiße weg und wurde durch Fenster, an denen mehr und mehr Blenden hochgingen, von Scheiße oben betrachtet, die sich von der Scheiße unten in nichts unterschied, außer, daß sie in zehntausend Metern Höhe über Scheiße wegflog, während die Scheiße unten eben die Augen aufschlug, um Scheiße oben zu beäugen. [. . .] Wenn denn nicht überhaupt, dachte M., Verkehrswesen allein dem Zweck diente, Scheiße dichter und gleichmäßiger über den Erdball zu verteilen. (*usE*, 88)

The sense that the age of globalization means only that, globally, everything is depressingly the same occurs elsewhere in the novel. It plays a part in Piwitt's unusual set of names, for if Germany is most obviously the 'Territorium' to which he refers, the non-specific nature of the term hints that there are other countries to which his observations might easily apply. In this scheme, English is repeatedly given the pejorative designation 'internationale

'Die ungeheuerlichsten Dinge' 87

Verkehrssprache'; and part of the appeal of the Italian village to the narrator is, specifically, that the way people speak has remained different: 'denn um sich immer nur wieder das Gleiche anhören zu müssen, was sie überall auf der Welt zusammenredeten: warum dann überhaupt den Ort gewechselt?' (*usE*, 93).

Evidence to support the narrator of the Italian sections in his desire to change his place of residence grows as the novel develops. The post-unification 'Territorium' involves an exploitation of the east by the west, as the designation 'einverleibt' for the former GDR suggests. Big business of the capitalist west has taken over anything profitable from the east. In the section 'geschlossene Gesellschaft', the (perhaps enforced) retirement of the publisher of a former East German newspaper is being marked by colleagues from the 'Medienweltkonzern' that has taken it over. The evening takes place in a restaurant that has been rebuilt in the style of a variety theatre, and the sense that the whole event is a piece of theatre in dubious taste is conveyed by the setting. The retiring editor is not the only former citizen of the GDR to find that the new system means a change of lifestyle, as the evening's cabaret entertainment reveals: 'Dann zeigt ein Turner der ehemaligen Olympiamannschaft des unterlegenen Territoriums, als römischer Lustknabe geschminkt, Kunststücke mit Fesseln und Seilen' (*usE*, 13). Here, as in other sections, Piwitt characterizes the media industry of the end of the century as a powerful but entirely unproductive part of a capitalist economic imperative that subsumes individual morality: 'Niemand scheint einer besonderen Tat fähig, einer guten ebensowenig wie einer nachweisbar bösen. Jeder ist beschreibbar nur nach seiner Funktion im einzigen Prozeß, der noch Geschichte macht: dem Kapitalfluß' (*usE*, 14).

It is in the context of this cynical view of the economic system that governs life in contemporary Germany that 'der Reisende' makes a report of a strange country in which the ordinary citizens are caught in a downward spiral of poverty. The section bears close scrutiny as part of Piwitt's view of the exploitative nature of the capitalist economic system of the late twentieth century. The three stages through which the economy of the Otrotodnomer[4] has passed are described in an adaptation of Marxist economic theory. In the first, following 'den großen Verheerungen' (*usE*, 38), the system flourishes, but the ordinary workers – the 'Zurhandgeher' – are creating machinery which will make them redundant, at the same time making the anonymous Creadores, who hold the economic power, ever richer. In the second phase, the Creadores suffer losses through surplus production, but make economies by cutting the wages of the 'Zurhandgeher'; at the same time, the local government – distinct from the Creadores – designs pointless job-creation schemes to keep everyone busy. In the final phase, inter-regional competition drives the Creadores into a vicious circle of cutting production costs, which means spiralling unemployment for the 'Zurhandgeher'. Yet a growing army of 'Gei-Fei's' – employees of the media industry – simultaneously help to maintain the status quo by convincing everyone that the decline in the amount of work is unavoidable and that the Creadores still have the best interests of all at heart. Religion is still an opium of the people, for the monks and other 'Eiferern' of the region confirm that work is *the* 'Geißel der Menschheit' (*usE*, 41), that its disappearance can only be a blessing. As a result, the 'Zurhandgeher' plunge happily into poverty, ready to sacrifice anything to maintain the position of the Creadores: 'Im unerschütterlichen Glauben, daß ein Auskommen für alle nur über die Bereicherung weniger zu erzielen sei, hoffen sie, daß es ihnen wieder gutgeht, wenn es nur der Creadores besser geht' (*usE*, 41).

This parody of the economic system has echoes of Swift and of Brecht. Crucial, as far as Piwitt's conception of the modern world is concerned, is the fact that ordinary people collaborate in their own oppression. They are unable to see through the power structures of a closed system and, if they blame anyone for their problems, it is not their real exploiters, the Creadores in the story, but their own elected representatives, the 'Verwalter', who simply service the system. For Piwitt, politics has become redundant as a way of shaping society, since power lies in the hands of anonymous bankers in international financial institutions that are beyond democratic control. Equally, the pernicious influence of the media in covering over the system's failures and making suffering in the name of others a palatable experience is a theme that runs throughout the text.

Through the first hundred pages of the novel, then, Piwitt balances out moments of affectionate reminiscence and humorous everyday incidents with more disturbing insights into where contemporary society has gone wrong and with some bleak observations about human behaviour. Up to this stage, the Italian idyll has remained intact as an alternative to life in the 'Territorium'. From the point at which this ideal, too, is disrupted, however, the tone is one of unrelieved pessimism concerning the modern world. Suddenly, the narrator 'südlich des Territoriums' discovers that his dream of the Italian village does not correspond to reality. The natural environment is under threat: all his neighbours own mechanical diggers with which they blithely tarmac their gardens and interrupt the flow of local rivers; a disco opens up and ruins the narrator's enjoyment of the birdsong; and a local politician undertakes the bizarre task of tidying up the forest, only to reveal that its undergrowth has long been used as a dumping ground for unwanted consumer goods. As if nature were fighting back, there is a series of gruesome unexplained murders in the forest, in which hunters are the main victims; yet, here, too, the media soon take over and obscure any investigation of the truth behind the attacks: 'Phantasiefotos kursieren. Unter dem Titel "Das Monster vom Marderwald" kündigt ein Verlag den ersten Roman zum Fall an' (*usE*, 124).

In parallel to the shattering of the Italian ideal, the final scene in the 'Freibad' suggests that it too might soon change in a society in which the acquisitive mind-set dominates and anything potentially profitable is likely to be drawn into the economic system. Two unappealing men are overheard conversing about the dilapidated state of the area: 'Weißt du, was ich machen würde, wenn ich Geld hätte? Alles aufkaufen, dichtmachen für ein Jahr, alles schick machen und dann fünf Mark Eintritt. Daß das Preis-Leistungs-Verhältnis stimmt' (*usE*, 105–6). As in Italy, part of what the narrator cherishes is seen to be under threat by the behaviour of human beings and their subservience to the ubiquitous economic imperative.

In the other closing sections of the novel, the political and economic systems in contemporary Europe are the target of even more explicit criticism. In a second 'geschlossene Gesellschaft', for example, we see the celebrations of the birthday of an MP who belongs, the reader deduces, to the SPD, the 'Partei, die seit über hundert Jahren gewöhnlich dafür kämpft, daß zwischen den Räubern und den Beraubten mehr Gerechtigkeit herrscht' (*usE*, 111). When the party concludes with some left-wing songs, they provoke nothing more than embarrassment and a shake of the head among the waitresses: 'Soviel zum Zustand der Partei' (*usE*, 113), the narrator gloomily observes. The story of A., a woman from an unhappy family background who went on to help citizens of the GDR escape and served time in an East German prison for her troubles, offers a similarly unhappy and disturbing set of insights: in post-unification Germany, she is left completely alone and impoverished, simply waiting to die; the pattern of family abuse has been passed on to her own children; and the narrator is embarrassed at his inability to do anything to help her. That interpersonal relationships are bleaker in the final sections is confirmed by the loneliness of the music critic, whose wife has traded him in for a man who is not so willing to conceal his true feelings. The critic himself is depressed by his capitulation to a career that has little to do with his musical talents and more with pandering to the whims of the media industry of the 'Hafen-Metropole':

> Und ich wußte, daß ich wieder zuhause war in dieser Stadt der Kaufleute und Journalisten, in der, wenn man sich nicht in ihren Schleim ziehen ließ, man früher oder später nur die Wahl hatte, entweder zu verlöschen oder sich umzubringen. Ein Künstler, ohnehin, mußte verrückt sein, sich hier niederzulassen. (*usE*, 166)

The situation is no more appealing in the rest of Europe, as the traveller observes. While its peoples are linked by ein 'großterritorialer Markt [...], an dem die meisten ohne Murren nur verlieren' (*usE*, 106), everyone is happy to exploit everyone else as soon as perceived self-interest rears its ugly head. The end result is endemic violence, to which even the traveller has become desensitized, as he notes when he witnesses the shooting of a demonstrator in an unnamed European country: 'Er aber, der Reisende – und dies sei für ihn die seit langem schrecklichste Erfahrung mit sich gewesen –, habe darüber keine Regung an sich verspürt' (*usE*, 107).

In the very last section, the traveller reappears to summarize the desolate picture of contemporary life that Piwitt has constructed over the final part of the novel. The traveller imagines the earth to be flat, with an impenetrable dome over the top which traps everyone in the same system: 'Wer Geld hat, kommt zwar noch überall hin, aber nicht mehr raus' (*usE*, 181).[5] His distaste for the exploitative economic techniques of his country and for the fellow human beings who perpetuate them is complete; it even has physical manifestations: 'Leichte Nahrung behält er nur bei sich in fast menschenleeren Gegenden' (*usE*, 184). The final image is the most pessimistic of all: 'Auch der Bankier sieht es so: für ihn, sagt er, ende nun alles ganz wie in einer amerikanischen Kloschüssel: daß sich alles noch einmal in gewaltigen Wirbeln immer enger dreht, bevor es für immer wegschlürft' (*usE*, 184).

By the end of *Ein unversöhnlich sanftes Ende*, then, there can be little doubt concerning Piwitt's despair at the direction in which modern society has gone. What is worth preserving – the natural environment – is constantly under threat; what should be undermined – global capitalism – simply gets stronger. Piwitt's various narrators have successfully identified a series of aspects of contemporary existence that alienate human beings: the economic system, damage to the environment, the exploitative nature of international relations, globalization, which simply means a reduction of local variety to the lowest common international denominator. As in the parable of the Otrotodnomer, Piwitt suggests that everyone is complicit in sustaining this system; in the traveller's concluding image of the dome, we read: 'Und auch das Verlangen, rauszukommen, ist beigelegt' (*usE*, 181). Like Swift's Gulliver, Piwitt's narrators throw a new and disturbing light on what is familiar, they offer the detached perspective of strangers in their own land; and the fragmented structure and the distortion of names take on added significance in this context.

In conclusion, I should like to attempt to explain why Hermann Peter Piwitt, at the end of the 1990s, should reach such a pessimistic set of conclusions about the contemporary world. Of course, a critique of capitalism is nothing new in Piwitt's work, but it seems clear that by this stage in his career that critique has become much darker. From his recent statements in interview, it emerges that the events surrounding the collapse of eastern-bloc communism and the process of German unification had a considerable impact on Piwitt. In contrast to a number of his colleagues on the Left, he greeted unification with silence. In 1993 he was finally able to comment on the events surrounding the process, and his distaste at the way in which the western system had so quickly and simply swept away everything – good and bad – from the East is obvious: 'Es hat mir vor Ekel die Sprache verschlagen; zumindest die politische. Ekel wovor? Sagen wir besser: wovor nicht? Ein paar Freunde und Freundinnen, ein paar menschliche Blauwale hier und da, Tiere, Pflanzen, ein paar Kunststücke, die Sonne.'[6] Piwitt's first literary representation of this sense of disgust at the way contemporary society had developed comes through the bitter disillusionment of the painter Mahler in *Die Passionsfrucht* (1993). By the end of the 1990s, Piwitt's own disillusionment had, if anything, grown. In the interview in this volume from 1999, Piwitt is unequivocal in identifying the events since the collapse of the eastern bloc as a continuing source of despair. This is not to say that Piwitt is a supporter of the GDR state itself, with all its abuses; but rather, that he laments the ultimate failure of the only alternative to the 'neo-liberal' system that he characterizes in *Ein unversöhnlich sanftes Ende*; he is disturbed by the ease with which that alternative is swept away. Like Günter Grass, Piwitt saw the collapse of the East German regime and the events that followed it as a missed opportunity to create a better, truly democratic form of socialism: 'Stattdessen war plötzlich diskreditiert, was auch nur von fern daran erinnerte: Mitbestimmung, Investitionskontrolle und und und. Da brachen alle Hoffnungen auf ein Leben mit Alternative zusammen.'[7] Moreover, the corollary for Piwitt's career of the victory of capitalism over socialism was that his views, those of a committed socialist who had consistently sought in his work to offer a critique of West German society from a left-wing perspective, were no longer required. In interview, Piwitt's bitterness at the way literary quality became subsumed by the dominant ideology after 1990 is tangible:

> Konkret: wenn mir einige Menschen damals nicht privat geholfen hätten, ich hätte unter den Brücken schlafen können. Und das war schon lehrreich. Ich habe mich immer wieder dafür eingesetzt, dass das Werk eines Schriftstellers für sich selbst zeugen muss, unabhängig von seiner Biografie und den richtigen oder falschen politischen Ansichten, die er im bürgerlichen Leben vertritt. Hauptsache, das Werkstück ist untadelig. [. . .] Aber jetzt ging noch der Rest von Illusion verloren, dass der herrschende Markt, die marktführenden Feuilletons dieses Ideal auch nur in Spuren wahren würden. Es ging nur noch darum, die siegreiche Wirtschaftsweise kulturell, auf der Diskursebene, festzuschreiben. Und wer politisch unzuverlässig war, wurde zum Schweigen gebracht oder für null und nichtig erklärt.[8]

Through these comments, it becomes clear that Piwitt sees both his own political commitment and his literary approach undermined by the end of the 1990s. The capitulation of the states of eastern Europe to western capitalism leaves Piwitt convinced that there is no longer a practical alternative to the global market. Tony Blair and Gerhard Schröder might nominally represent left-wing parties, but for Piwitt they are just as much the pawns of international financiers as their Conservative predecessors. Meaningful party politics is dead. In terms of Piwitt's literary work, the approach that has characterized much of his writing – revealing, through a challenging narrative technique, the realities of contemporary society, with the prospect of thereby altering people's perceptions of that society – becomes, in the absence of an alternative, a very disturbing exercise. The only other option for a writer is to kowtow to the commercial demands of the market; to sacrifice one's artistic integrity in the same way that the music critic feels he has done in the novel. Piwitt is thus left in *Ein unversöhnlich sanftes Ende* with an extremely bleak exposition of what is wrong with the world around him, together with an acute awareness that there is no way out of the 'Glocke' of global capitalism. There may be some, few sensual pleasures left – adolescent sexual attraction, nature, food – but in the novel all of these are under threat, too, in one way or another: through a distaste for one's fellow human beings, through environmental damage, through the destruction of regional differences. More than other left-wing literary figures in Germany, who have, by and large, at least engaged at a practical and critical level with the changes that unification has brought about,[9] Piwitt is left in despair at what the world has become by the end of the millennium. He can only highlight his sense of alienation from his own society: 'als Fremder zu verkleiden brauchte ich mich eigentlich gar nicht. Man wird zum fremden gemacht, zum Riesen oder zum Zwerg, jedenfalls zur Abnormität, zum Un-Geheuer; und schon entdeckt man selbst die ungeheurlichsten Dinge.'[10]

Notes

[1] For a detailed discussion of the debate between Piwitt and Uwe Timm, for example, see Chapter 5 above; and for an examination of Piwitt's aesthetics in this context, see Chapter 6.

[2] In the introduction to a reading from *Ein unversöhnlich sanftes Ende* given during his time as writer-in-residence in Swansea in September 1999, Piwitt explained that he had originally wanted to designate the work 'Chronik', but that (somewhat ironically) he had given in to the marketing strategy of his publisher and settled for 'Roman'.

[3] There are autobiographical overtones here, as elsewhere in the novel.

[4] Piwitt's word-play echoes Samuel Butler's *Erewhon* and Dylan Thomas's 'Llareggyb': the Otrotodnomer belong to a 'mondo torto'.

[5] This image of an enclosed, inescapable system is one to which Piwitt returns elsewhere. See, for example, Chapter 1 above, 4.
[6] 'Spielmaterial für ein Endspiel. Gespräch mit Stefan Rosinski', *konkret*, No. 4(1993), 60.
[7] See above, 21–2.
[8] See above, 22.
[9] To cite just a few of the many examples, see Hans Christoph Buch, 'Die Stunde der Dichter', *An alle! Reden, Essays und Briefe zur Lage der Nation* (Frankfurt am Main, Suhrkamp, 1994), 47–52; Hans Magnus Enzensberger, 'Gangarten. Ein Nachtrag zur Utopie', *Zickzack* (Frankfurt am Main, Suhrkamp, 1999), 64–78; and Peter Schneider, 'Gefangen in der Geschichte', *Der Spiegel*, 18 January 1993.
[10] See above, 23.

8

Bibliography

KATHARINA HALL

CONTENTS

1. Primary Literature
1.a Fiction
1.b Collections of essays
1.c Edited volumes
1.d Fiction in books and journals
1.e Essays in books, journals and newspapers
1.f Radio broadcasts
1.g Interviews
1.h Translations by Piwitt

Works are listed chronologically.

2. Secondary Literature
2.a General studies
2.b Individual texts

Books and articles are listed alphabetically, by author's surname.

1. Primary Literature

1.a Fiction
1. *Herdenreiche Landschaften. Zehn Prosastücke* (Reinbek, Rowohlt, 1965).
2. *Rothschilds* (Reinbek, Rowohlt, 1972) [das neue Buch 16]. [Republished: Hamburg, Rotbuch, 1998.] [Paperback edition: Frankfurt am Main, Fischer, 1985 [Fischer Taschenbuch 5900].]
3. *Die Gärten im März* (Reinbek, Rowohlt, 1979). [Paperback edition: Reinbek, Rowohlt, 1982 [rororo 4957].]
4. *Deutschland. Versuch einer Heimkehr* (Hamburg, Hoffmann & Campe, 1981). [Paperback edition: Frankfurt am Main, Fischer, 1983 [Fischer Taschenbuch 5421].]
5. *Herdenreiche Landschaften: Aufspürung meiner Sorgen* (Bielefeld, Pendragon, 1986).
6. *Der Granatapfel* (Hamburg, Hoffmann & Campe, 1986). [Paperback edition: Reinbek, Rowohlt, 1989 [rororo 12373].]
7. *Die Passionsfrucht* (Reinbek, Rowohlt, 1993).
8. *Ein unversöhnlich sanftes Ende* (Reinbek, Rowohlt, 1998).

1.b Collections of essays
1. *Das Bein des Bergmanns Wu. Praktische Literatur und literarische Praxis* (Frankfurt am Main, März, 1971). [Paperback edition: Frankfurt am Main, Fischer, 1986 [Fischer Taschenbuch 5968].]
2. *Boccherini und andere Bürgerpflichten* (Reinbek, Rowohlt, 1976) [das neue Buch 71].
3. *Die Umseglung von Kap Hoorn durch das Vollschiff Susanne 1909 in 52 Tagen. Einmischungen aus 10 Jahren* (Hamburg, Konkret Literatur, 1985).

1.c Edited volumes
1. *Jugoslawische Erzähler der Gegenwart: Eine Anthologie*, ed. with Miodrag Vukic (Stuttgart, Reclam, 1962).
2. *Literaturmagazin 5. Das Vergehen von Hören und Sehen: Aspekte der Kulturvernichtung*, ed. with Peter Rühmkorf (Reinbek, Rowohlt, 1976) [das neue Buch 72].
3. *Die siebente Reise: 14 utopische Erzählungen*, ed. with Roman Ritter (Munich, Verlag AutorenEdition, 1978).
4. *Auf der Balustrade – schwebend* (Hamburg, mps, 1982).

1.d Fiction in books and journals
1. 'Das Springtau', *Frankfurter Allgemeine Zeitung*, 16 July 1955.
2. 'Feierabend', in *HL*, 7–13.
3. 'Herdenreiche Landschaften', ibid., 14–24.
4. 'Die Heimkehr', ibid., 25–38.
5. 'Liegende Männer I', ibid., 39–50.
6. 'Liegende Männer II', ibid., 51–4.

Bibliography 97

7. 'Ozaena', ibid., 55–61.
8. 'Stadtrundfahrt', ibid., 62–73.
9. 'Malchus oder Bericht aus einem Gästehaus', ibid., 74–93.
10. 'Sieben Wochen bis Pfingsten', ibid., 94–118.
11. 'Menschenfischchen', ibid., 119–28.
12. 'Pontos größte Flamme', in Dagmar Ploetz and Klaus Konjetsky (eds.), *Keine Zeit für Tränen. 13 Liebesgeschichten* (Munich, Bertelsmann, 1976).
13. 'Mit Scheißdreck, mit Weltgeschichte, kann ich immer dienen' [extract from *G M*], *konkret*, No. 2 (1979).
14. 'Das Eigentum, ein Kurz-Porno' [extract from *R*], *Sexualität konkret* (1984).
15. 'Hätt' ich Sie doch . . . oder doch besser nicht?', in Gisela Graichen and Hans Hellmuth Hillrichs (eds.), *'Und weil sie nicht gestorben sind . . .' Briefe an Märchenfiguren* (Hamburg, Hoffmann & Campe, 1991).
16. 'Molch, Marder, Maus', in Eckhard Henscheid (ed.), *Sentimentale Tiergeschichten: Eine Anthologie* (Stuttgart, Philipp Reclam jun., 1997), 117 [extract from *D*].
17. 'Katze, Käfer, Fliege', ibid., 119–20.
18. 'Spinnen, Läuse, Mäuse', ibid., 343–5.

1.e Essays in books, journals and newspapers

1. 'Chronik und Protokoll', *Sprache im technischen Zeitalter*, No. 1 (1961).
2. 'Zum Problem des Romaneingangs', *Akzente*, No. 8 (1961), 229–43.
3. 'Klaus Roehler', in Klaus Nonnenmann (ed.), *Schriftsteller der Gegenwart. Dreiundfünfzig Porträts* (Olten and Freiburg im Breisgau, Walter, 1963), 253–8.
4. '"Keine Schreibschule, keine Geniefabrik." Das Literarische Colloquium Berlin', *Die Zeit*, 15 May 1964.
5. 'Poetische Fiktion, Wirklichkeitsauffassung und Erzählerrolle im neueren Romananfang', in Norbert Miller (ed.), *Romananfänge: Versuch zu einer Poetik des Romans* (Berlin, Literarisches Colloquium, 1965), 173–84.
6. 'Landschaft des Gedächtnisses und "Augenblick"', *Sprache im technischen Zeitalter*, No. 4 (1965).
7. 'Katechismus der Innenlebenspflege. Zu Hermann Brochs *Tod des Vergil*', *Der Monat*, No. 20 (1968), 100–4. [Reprinted as 'Katechismus der Innenlebenspflege', in *BBW*, 77–85.]
8. 'Memorandum zur Gründung der DKP', *Tintenfisch*, No. 2 (1969).
9. '"Monstrum mit Monopol?" Über die Gruppe 47', *Der Spiegel*, No. 41 (1969).
10. '"Vor der Jugend verzagen?" Über Jean Amerys *Über das Altern*', *Der Spiegel*, No. 32 (1969).
11. 'Irgendwie mehr als ein Facharbeiter', *konkret*, No. 4 (1970). [Reprinted in *BBW*, 107–10.]
12. 'Pop-Marines' Plastiknacken', in *BBW*, 9–14. [Written 1969.]

13. 'Agitprop als Politkompott', ibid., 15–21. [Written 1970.]
14. 'Altern? – Verbrauchtwerden . . .', ibid., 22–8. [Written 1969.]
15. 'Einige Mythen in der Sprache der Volkswirtschaft', ibid., 29–38. [Written 1970.]
16. '"Rechts gleich Links" oder: Wie totalitär ist die sogenannte "Mitte"?', ibid., 39–61. [Written 1970.]
17. 'Die Ausweglosigkeit der Killer', ibid., 62–72. [Written 1970.]
18. 'Gerhard Fritsch zur Erinnerung', ibid., 73–6. [Written 1970.]
19. 'Schrottplatz. Der Romancier Endre Fejes', ibid., 86–94. [Written 1966.]
20. 'Gewäsch der Uneigentlichkeit. Chronik einer Lektüre', ibid., 95–100. [Written 1970.]
21. 'Ein Buch im Zwielicht. Eine Musterrezension', ibid., 101–6. [Written 1970.]
22. 'Rühmkorfs "Volsinii" oder wie der Geschmack die politische Zensur entbehrlich macht', ibid., 111–16. [Written 1970.]
23. 'Volkesstimme aus Unternehmermund', ibid., 117–20. [Written 1969.]
24. 'Die Ratlosigkeit des bürgerlichen Schriftstellers', ibid., 121–6. [Written 1970.]
25. 'Ein Mann dreht durch oder: Vom Elend des kritischen Konservatismus', ibid., 127–35. [Written 1970.]
26. 'DIE ZEIT: Ideologie oder Objektivität und kulturkulinarische Anpassung', ibid., 136–45. [Written 1968–9.]
27. 'Literatur in diesem Herbst. Das Geld liegt auf der Straße' [extract from R], Frankfurter Allgemeine Zeitung, 21 August 1972.
28. 'Klassiker der Anpassung', in Hans Christoph Buch (ed.), Literaturmagazin 1. Für eine neue Literatur – gegen den spätbürgerlichen Literaturbetrieb (Reinbek, Rowohlt, 1973), 15.
29. 'Die Männer sind unheilbar krank' [on Ingeborg Bachmann and the film Das große Fressen], Das da, No. 3 (1973).
30. 'Schrecklich, diese Schöngeister! Warum ein Autor die Kritiker auffordert, den Beruf zu wechseln', Pardon, No. 4 (April 1973).
31. 'Tiere blicken Dich an' [on 'Tierschützer, Ökologie und Politik'], Zeitmagazin, No. 36 (1973).
32. 'Lenz in den Wolken', Pardon, No.12 (1974).
33. 'Zwischen Whiskey und Schwermut', Stern, No. 23 (1974).
34. 'Kleiner Versuch zur Utopie der schweigenden Mehrheit', in Nicolas Born (ed.), Literaturmagazin 3. Die Phantasie an die Macht: Literatur als Utopie (Reinbek, Rowohlt, 1975), 72ff.
35. 'Rückblick auf heiße Tage: Die Studentenrevolte in der Literatur', in Hans Christoph Buch (ed.), Literaturmagazin 4. Die Literatur nach dem Tod der Literatur. Bilanz der Politisierung (Reinbek, Rowohlt, 1975), 35–46. [Reprinted as 'Rückblick auf heiße Tage. Romane der Studentenbewegung', in BaB, 93–109.]
36. 'Liselotte Linsenhoff – unterdrückte Frau oder ein Fehltritt der Natur? Anmerkung zur neuen Frauenbewegung', konkret, No. 2 (1975).

37. '"Was habe ich, was hat ein Mann im Jahr des Herrn 1974 mit den Rechten der Frauen am Hut?"', *konkret*, No. 2 (1975). [Reprinted in *KH*, 160–5.]
38. 'Anmerkung zu Ivan Illich', *konkret*, No. 5 (1975).
39. 'Der Einzige und sein Eigentum als Mann im Ohr: Piwitt gegen Wilhelm Bittorf', *konkret*, No. 8 (1975).
40. 'Der blödsinnige Realität: Was liest die studentische Linke?', *konkret*, No. 11 (1975).
41. 'Notizen aus Latium', *Frankfurter Rundschau*, 12 July 1975.
42. 'Die Basis des Überbaus der Basis', in *BaB*, 9–16. [Written 1975.]
43. 'In den Armen des Kraken: Latium – Land um Rom (für Peter Kammerer)', ibid., 17–36. [Written 1974.]
44. 'Warum sind Nelken häßlich? Zur Utopie der schweigenden Mehrheit', ibid., 37–60. [Written 1974.]
45. 'Wilhelm B. oder: Der Einzige und sein Eigentum als Mann im Ohr', ibid., 61–70. [Written 1975.]
46. 'Wie wir miteinander umgehen', ibid., 71–82. [Written 1974.]
47. '"Ich war auf einer Wolke. Jetzt bin ich es nicht mehr." Erfahrungen während eines Lehrauftrags in Bremen', ibid., 83–92. [Written 1975.]
48. 'Zuhause', ibid., 110–22.
49. '"A Drunk Man Looks at the Thistle"', ibid., 123–38. [Written 1975]
50. 'Bei Durchsicht meiner UZ's', ibid., 139–49. [Reprinted in *konkret*, No. 1 (1976).]
51. 'Eimsbüttel', *konkret*, No. 3 (1976).
52. 'Talk-Show macht dumm', *konkret*, No. 7 (1976). [Reprinted as 'Talkshows', in *KH*, 174–6.]
53. 'Realismus? Kannitverstaan!', *konkret*, No. 11 (1976).
54. 'Anstelle eines Vorworts: 11 Thesen zum *Vergehen von Hören und Sehen*', in *Literaturmagazin 5*, 9–17.
55. 'Nachwort', ibid. [Reprinted as 'Zwei Nachworte zum Vergehen von Hören und Sehen . . . von 1976 . . . und 1984', in *KH*, 227–45.]
56. 'Frauenbewegung und Linke in der BRD', *Literatur konkret* (1977).
57. 'Wer sich ein Haustier anschafft . . .', ibid. [Reprinted in *KH*, 168.]
58. 'Butter statt Arbeitsplätze: Über Begriffsverwirrungen bei den Gewerkschaften', *konkret*, No. 5 (1977).
59. 'Bockwurst mit Lorbeer: Kultur in Hamburg', *konkret*, No. 8 (1977).
60. 'Wenn Nihilisten auf Nihilisten schießen: Zum Mord an Ponto', *konkret*, No. 9 (1977).
61. 'Ingrid Kolb: Gebenedeite Gattinnen', *Literatur konkret* (1978). [Reprinted in *KH*, 246–51.]
62. 'Lieber A.: Verschenkte Stimme für die DKP', *konkret*, No. 7 (1978).
63. 'Niemand muß hungern', *konkret*, No. 8 (1978).
64. 'Ein Kreativer unter Millionen . . .' [on Peter Schneider], *konkret*, No. 11 (1978).
65. 'Kristallnacht und Nebel', *konkret*, No. 12 (1978).

66. 'Irre doch richtig' [on the film *Messer im Kopf*], *konkret*, No. 12 (1978).
67. 'Von der kritischen Theorie zu Herbert Marcuse', *Akzente*, No. 3 (1978), 258–60.
68. 'Günther Knipp, *Frankfurter Rundschau*, 24 January 1978. [Reprinted in *KH*, 205–9.]
69. 'Vom Mythos des Hungers. Die Entlarvung einer Legende' [on Collins and Lappé, *Vom Mythos des Hungers*], *Frankfurter Rundschau*, 30 December 1978.
70. 'Der Fortschritt und die Tränen beim Schreien der Frösche' [on Tommaso di Ciaula's *Der Fabrikaffe und die Bäume*], *Literatur konkret* (1979). [Reprinted in *Frankfurter Rundschau*, 23 October 1982; *konkret*, No. 7 (1983); and as 'Tommaso di Ciaula', in *KH*, 195–9.]
71. 'Plädoyer für den Gelegenheitsschriftsteller', in Nicolas Born, Jurgen Manthey, Delf Schmidt (eds.), *Literaturmagazin 11: Schreiben oder Literatur* (Hamburg, Rowohlt, 1979), 19–27.
72. 'Alternative Kultur und amerikanischer Kolonialismus', *konkret*, No. 3 (1979).
73. 'Beitrag zur Diskussion um "Holocaust"', *konkret*, No. 3 (1979).
74. 'Autoritär, betulich, neckisch und devot: Die schrecklichen 50er Jahre sind wieder modern', *konkret*, No. 5 (1979). [Reprinted as 'Unsere goldigen Fünfziger: Autoritär, betulich, neckisch und devot', in *KH*, 187–91.]
75. 'All die schönen Braunhemden' [on Volker Schlöndorf's film of *Die Blechtrommel*], *konkret*, No. 7 (1979). [Reprinted as '"Die Blechtrommel" als Film', in *KH*, 169–71.]
76. 'Feministen sind praktisch: Erwiderung auf Henryk M. Broder', *konkret*, No. 11 (1979).
77. 'Flußaufwärts ins Ewig-Menschliche' [on Francis Ford Coppola's film *Apocalypse Now*], *Der Spiegel*, No. 40 (1979).
78. 'Rochaden' [on Hans Christoph Buch, *Bericht aus dem Inneren der Unruhe*], *Frankfurter Rundschau*, 22 February 1979.
79. 'Rauschhafte Augenblicke. Hermann Peter Piwitt über Rolf Dieter Brinkmann: *Rom, Blicke*', *Der Spiegel*, 17 September 1979. [Reprinted as 'Rolf Dieter Brinkmann: *Rom, Blicke*', in *KH*, 134–41.]
80. 'Liebe unterm Nierentisch – als John Wayne hinter Daisy Duck her war', *Sexualität konkret* (1980).
81. '"Neue Ehrlichkeit" und "Literatur des Authentischen". Über ein Mißverständnis', *Literatur konkret* (1980). [Reprinted in *KH*, 74–81.]
82. 'Und dann und wann ein weißer Elephant: Literatur zwischen bürgerlichem Devotionalienhandel und Ehrlichkeitskitsch', ibid.
83. 'Es macht wieder Spaß, Marxist zu sein', *konkret*, No. 1 (1980).
84. 'Noch ein paar Freispiele. Nachruf auf Nicolas Born', *konkret*, No. 2 (1980).
85. 'In Our Hitlers Salonwagon . . .: Über die neuesten Stimmungsmacher im Westen', *konkret*, No. 6 (1980).

37. '"Was habe ich, was hat ein Mann im Jahr des Herrn 1974 mit den Rechten der Frauen am Hut?"', *konkret*, No. 2 (1975). [Reprinted in *KH*, 160–5.]
38. 'Anmerkung zu Ivan Illich', *konkret*, No. 5 (1975).
39. 'Der Einzige und sein Eigentum als Mann im Ohr: Piwitt gegen Wilhelm Bittorf', *konkret*, No. 8 (1975).
40. 'Der blödsinnige Realität: Was liest die studentische Linke?', *konkret*, No. 11 (1975).
41. 'Notizen aus Latium', *Frankfurter Rundschau*, 12 July 1975.
42. 'Die Basis des Überbaus der Basis', in *BaB*, 9–16. [Written 1975.]
43. 'In den Armen des Kraken: Latium – Land um Rom (für Peter Kammerer)', ibid., 17–36. [Written 1974.]
44. 'Warum sind Nelken häßlich? Zur Utopie der schweigenden Mehrheit', ibid., 37–60. [Written 1974.]
45. 'Wilhelm B. oder: Der Einzige und sein Eigentum als Mann im Ohr', ibid., 61–70. [Written 1975.]
46. 'Wie wir miteinander umgehen', ibid., 71–82. [Written 1974.]
47. '"Ich war auf einer Wolke. Jetzt bin ich es nicht mehr." Erfahrungen während eines Lehrauftrags in Bremen', ibid., 83–92. [Written 1975.]
48. 'Zuhause', ibid., 110–22.
49. '"A Drunk Man Looks at the Thistle"', ibid., 123–38. [Written 1975]
50. 'Bei Durchsicht meiner UZ's', ibid., 139–49. [Reprinted in *konkret*, No. 1 (1976).]
51. 'Eimsbüttel', *konkret*, No. 3 (1976).
52. 'Talk-Show macht dumm', *konkret*, No. 7 (1976). [Reprinted as 'Talkshows', in *KH*, 174–6.]
53. 'Realismus? Kannitverstaan!', *konkret*, No. 11 (1976).
54. 'Anstelle eines Vorworts: 11 Thesen zum *Vergehen von Hören und Sehen*', in *Literaturmagazin 5*, 9–17.
55. 'Nachwort', ibid. [Reprinted as 'Zwei Nachworte zum Vergehen von Hören und Sehen . . . von 1976 . . . und 1984', in *KH*, 227–45.]
56. 'Frauenbewegung und Linke in der BRD', *Literatur konkret* (1977).
57. 'Wer sich ein Haustier anschafft . . .', ibid. [Reprinted in *KH*, 168.]
58. 'Butter statt Arbeitsplätze: Über Begriffsverwirrungen bei den Gewerkschaften', *konkret*, No. 5 (1977).
59. 'Bockwurst mit Lorbeer: Kultur in Hamburg', *konkret*, No. 8 (1977).
60. 'Wenn Nihilisten auf Nihilisten schießen: Zum Mord an Ponto', *konkret*, No. 9 (1977).
61. 'Ingrid Kolb: Gebenedeite Gattinnen', *Literatur konkret* (1978). [Reprinted in *KH*, 246–51.]
62. 'Lieber A.: Verschenkte Stimme für die DKP', *konkret*, No. 7 (1978).
63. 'Niemand muß hungern', *konkret*, No. 8 (1978).
64. 'Ein Kreativer unter Millionen . . .' [on Peter Schneider], *konkret*, No. 11 (1978).
65. 'Kristallnacht und Nebel', *konkret*, No. 12 (1978).

66. 'Irre doch richtig' [on the film *Messer im Kopf*], *konkret*, No. 12 (1978).
67. 'Von der kritischen Theorie zu Herbert Marcuse', *Akzente*, No. 3 (1978), 258–60.
68. 'Günther Knipp, *Frankfurter Rundschau*, 24 January 1978. [Reprinted in *KH*, 205–9.]
69. 'Vom Mythos des Hungers. Die Entlarvung einer Legende' [on Collins and Lappé, *Vom Mythos des Hungers*], *Frankfurter Rundschau*, 30 December 1978.
70. 'Der Fortschritt und die Tränen beim Schreien der Frösche' [on Tommaso di Ciaula's *Der Fabrikaffe und die Bäume*], *Literatur konkret* (1979). [Reprinted in *Frankfurter Rundschau*, 23 October 1982; *konkret*, No. 7 (1983); and as 'Tommaso di Ciaula', in *KH*, 195–9.]
71. 'Plädoyer für den Gelegenheitsschriftsteller', in Nicolas Born, Jurgen Manthey, Delf Schmidt (eds.), *Literaturmagazin 11: Schreiben oder Literatur* (Hamburg, Rowohlt, 1979), 19–27.
72. 'Alternative Kultur und amerikanischer Kolonialismus', *konkret*, No. 3 (1979).
73. 'Beitrag zur Diskussion um "Holocaust"', *konkret*, No. 3 (1979).
74. 'Autoritär, betulich, neckisch und devot: Die schrecklichen 50er Jahre sind wieder modern', *konkret*, No. 5 (1979). [Reprinted as 'Unsere goldigen Fünfziger: Autoritär, betulich, neckisch und devot', in *KH*, 187–91.]
75. 'All die schönen Braunhemden' [on Volker Schlöndorf's film of *Die Blechtrommel*], *konkret*, No. 7 (1979). [Reprinted as '"Die Blechtrommel" als Film', in *KH*, 169–71.]
76. 'Feministen sind praktisch: Erwiderung auf Henryk M. Broder', *konkret*, No. 11 (1979).
77. 'Flußaufwärts ins Ewig-Menschliche' [on Francis Ford Coppola's film *Apocalypse Now*], *Der Spiegel*, No. 40 (1979).
78. 'Rochaden' [on Hans Christoph Buch, *Bericht aus dem Inneren der Unruhe*], *Frankfurter Rundschau*, 22 February 1979.
79. 'Rauschhafte Augenblicke. Hermann Peter Piwitt über Rolf Dieter Brinkmann: *Rom, Blicke*', *Der Spiegel*, 17 September 1979. [Reprinted as 'Rolf Dieter Brinkmann: *Rom, Blicke*', in *KH*, 134–41.]
80. 'Liebe unterm Nierentisch – als John Wayne hinter Daisy Duck her war', *Sexualität konkret* (1980).
81. '"Neue Ehrlichkeit" und "Literatur des Authentischen". Über ein Mißverständnis', *Literatur konkret* (1980). [Reprinted in *KH*, 74–81.]
82. 'Und dann und wann ein weißer Elephant: Literatur zwischen bürgerlichem Devotionalienhandel und Ehrlichkeitskitsch', ibid.
83. 'Es macht wieder Spaß, Marxist zu sein', *konkret*, No. 1 (1980).
84. 'Noch ein paar Freispiele. Nachruf auf Nicolas Born', *konkret*, No. 2 (1980).
85. 'In Our Hitlers Salonwagon . . .: Über die neuesten Stimmungsmacher im Westen', *konkret*, No. 6 (1980).

86. 'Herrenballett' [on Fassbinder and *Berlin Alexanderplatz*], *konkret*, No. 11 (1980). [Reprinted in *KH*, 172.]
87. 'Jean Carrière: "Der Sperber von Maheux"', *Der Spiegel*, No. 41 (1981). [Reprinted in *KH*, 147–51.]
88. 'Trautes Heim, Porno zu zweien – Tagträume, Zahlungsverkehr und Liberalismus', *Sexualität konkret* (1981). [Reprinted as 'Tagträume, Zahlungsverkehr und Liberalismus', in *KH*, 90–100.]
89. 'Lernen wir, unbefangen zu sein. Antwort auf Broders Abrechnung mit der BRD–Linken', *konkret*, No. 4 (1981).
90. 'Links überholen, rechts einordnen: Die Linke und ihre Propaganda des Unpolitischen', *konkret*, No. 8 (1981). [Reprinted as 'Links überholen, rechts einordnen', in *KH*, 114–21.]
91. 'Über Ernst Tollers *Quer Durch*', *konkret*, No. 9 (1981).
92. '*Deutschland: Versuch einer Heimkehr*', *konkret*, No. 11 (1981).
93. 'Frauke Samsa: Girlanden, Nippes, Tiefsinn und schlechtes Deutsch. Zu *Paare Passanten* von Botho Strauß', *konkret*, No. 12 (1981). [Reprinted in *KH*, 32–5.]
94. 'Lesebuchtexte', *Frankfurter Rundschau*, 12 September 1981.
95. 'Eine Saison in den Medien', *Deutsche Volkszeitung*, 17 September 1981, 13.
96. 'Zwischen Kriegskrediten und Weinerlichkeit: Literaten ziehen Fazit betreffs Impulse der 68er auf die Literatur', *Literatur konkret* (1981–2).
97. 'Denise Biellmann oder sonst keine', *Sport konkret* (1982). [Reprinted in *KH*, 166–7.]
98. 'Vorwort', in *Auf der Balustrade – schwebend. Erste Lyrik-Werkstatt des Literaturzentrums Hamburg* (Hamburg, mps, 1982), 8–10.
99. 'Silke Hrubesch: Frieden ist lieb. Zu einer Anthologie mit Texten zum Thema Frieden', *konkret*, No. 1 (1982). [Reprinted in *KH*, 36–9.]
100. 'Weihnachtsgans und Polen-Ente' [on the Polish TV film *Sintflut*], *konkret*, No. 2 (1982). [Reprinted in *KH*, 183–6.]
101. 'Brief an Miss Ellie', *konkret*, No. 3 (1982). [Reprinted as 'Sehr verehrte Miss Ellie . . .', in *KH*, 177–9.]
102. 'Heute drücken wir auf die Glückstaste', *konkret*, No. 4 (1982). [Reprinted in *KH*, 180–2.]
103. 'Big Mac von Spitzweg' [on Wolfgang Pohrt's *Endstation*], *konkret*, No. 8 (1982). [Reprinted as 'Wolfgang Pohrt: "Endstation"', in *KH*, 152–9.]
104. 'Katastrophenstorys' [on Hans Christoph Buch's *Jammerschoner*], *konkret*, No. 10 (1982).
105. 'Allroundgetafelt bei sich selbst', *Playboy*, No. 10 (1982). [Reprinted in *KH*, 40–51.]
106. 'Das Verschwinden der Ursachen hinter den Urbildern oder: Die Rückkehr des Mythos als Kopfgeburt', *Wespennest*, No. 47 (1982). [Reprinted in *KH*, 9–25.]
107. 'Wer schützt die Natur vor dem "Natürlichen"?', *Frankfurter Rundschau*, 2 January 1982. [Reprinted in *KH*, 52–65.]

108. 'Brigitte Wormbs, "Ortsveränderungen"', *Frankfurter Rundschau*, 17 April 1982. [Reprinted in *KH*, 142–6.]
109. 'Eimsbüttels "Kaifu-Wiese" – ein Lehrstück', *Hamburger Rundschau*, 13 May 1982. [Reprinted in *KH*, 66–73.]
110. 'Jahrmarkt der kleinen Wahrheiten: das sozialdemokratische Versorgerprinzip "Kultur für alle" und die Folgen', *Literatur konkret* (1982–3).
111. 'Grabbeltisch', *Literatur konkret* (1982–3). [Reprinted in *KH*, 82–9.]
112. 'Carmen Capezzoli: Die Verschweizerung der Literatur in Westdeutschland und der sprachlos gewordene Eros', *Sexualität konkret* (1983). [Reprinted in *KH*, 26–31.]
113. 'Mit dem ganzen Körper: Über den Arbeiterschriftsteller di Ciaula', *konkret*, No. 7 (1983).
114. 'Der Anteil der Frauenbewegung an der Zerstörung der Vernunft', *Literatur konkret* (1983–4). [Reprinted in *KH*, 101–13.]
115. 'Dilettant, Amateur, Professional', *frontal*, No. 39 (1984). [Reprinted in *KH*, 217–26.]
116. 'Vor-bilder, weiblich: Über die Malerin Gisela Breitling', *konkret*, No. 5 (1984). [Reprinted as 'Gisela Breitling', in *KH*, 200–4.]
117. 'Ich mag die Amerikaner nicht . . .: Über Antiamerikanismus', *konkret*, No. 7 (1984). [Reprinted as 'Ich mag die Amerikaner nicht . . .', in *KH*, 122–33.]
118. ' . . . und nun in Sachen Abendland: zur Frage "Steht der Geist heute noch links?"', *konkret*, No. 8 (1984).
119. '. . . und heute im Sonderangebot: Über Fernsehen hüben und drüben', *konkret*, No. 9 (1984).
120. 'Neu Venedig: gepflegte Gemütlichkeit im propren DDR-Sozialismus', *konkret*, No. 11 (1984).
121. 'Weg vom Prinzip Survival: die Herausforderung der audiovisuellen Medien an die Literatur heute', *Literatur konkret* (1984–5).
122. 'Syberbergs "Hitler"', in *KH*, 173.
123. 'Linker Antisemitismus?', ibid., 192–4.
124. 'Liebe fürs Leben', *Sexualität konkret* (1985).
125. 'Bomarzo. Vicino Orsini, ein Wilder des 16. Jahrhunderts', *konkret* No. 12 (1985).
126. 'Sommerloch oder: wie das Posthistoire einmal fast Geschichte gemacht hat', *Literatur konkret* (1985–6).
127. 'Talkshows', in Eckhard Henscheid (ed.), *Mein Lesebuch* (Frankfurt am Main, Fischer, 1986), 219–21.
128. 'Epiphanien des Alltags: Piwitts kleines Feuilleton', *konkret*, No. 2 (1986).
129. 'Der ideale Gesamtantisemit' [on Broder's *Der ewige Antisemit*], *konkret* No. 7 (1986).
130. 'Deutschland ist eine Form von Heimweh – nach Italien: Piwitts kleines Feuilleton', *konkret*, No. 10 (1986).

131. 'Über Céline', in Volker Klotz, Norbert Miller and Michael Krüger (eds.), *Bausteine einer Poetik der Moderne. Für Walter Höllerer* (Munich, Hauser, 1987).
132. 'Reinlichkeit und Recht und Freizeit: Piwitts kleines Feuilleton', *konkret*, No. 1 (1987).
133. 'Nachsommer: Piwitts kleines Feuilleton', *konkret*, No. 8 (1987).
134. 'Die Dauerkrise im Schriftstellerverband', *konkret*, No. 10 (1987).
135. ———, '"Die ganze Häßlichkeit der Welt bin Ich." Hermann Peter Piwitt über Rolf Dieter Brinkmanns Nachlaßband *Erkundungen*', *Der Spiegel*, 3 August 1987.
136. 'Piwitts kleines Feuilleton', regular column in *konkret*, Nos. 1–12 (1988).
137. 'Käptn Iglu und der Humanismus', *konkret*, No. 10 (1988).
138. 'Bella Italia' [on the German army in Italy], *Frankfurter Rundschau*, 6 February 1988.
139. 'Mozart – umspielt', *Frankfurter Rundschau*, 18 June 1988.
140. 'Der Dichter als Clown seiner Laster' [on Gabriele d'Annunzio and his novel *Das Feuer*], *Der Spiegel*, No. 5 (1989).
141. 'Piwitts kleines Feuilleton', regular column in *konkret*, Nos. 1–2 and 4–12 (1989).
142. 'Der Dichter und der Bürger', *Literatur konkret* (1990).
143. 'Deutsche Fragen', with Amery, Carl, Härtling, Peter, Hein, Christoph, Lattmann, Dieter, Schneider, Michael, et al., *Neue deutsche Literatur*, 38 No. 4 (1990), 61–149.
144. 'Die widerspenstigen Dichter', *Neue deutsche Literatur*, 38 No. 7 (1990), 167–9.
145. 'Piwitts kleines Feuilleton', regular column in *konkret*, Nos. 1–4 (1990).
146. 'Das Besitztum und sein Jünger' [on Ernst Jünger], *konkret*, No.8 (1990).
147. 'Disput und Widerspruch. Zur Biographie des deutschen Schriftstellers Alfred Andersch von Stephan Reinhardt', *konkret*, No. 9 (1990).
148. 'Céline! Über den Dichter', *konkret* No. 10 (1990).
149. 'Jungfrauliche Leseerlebnisse in sechs Nachtwachen mit Musils *Mann ohne Eigenschaften*', *Sprache im technischen Zeitalter*, 28 (1990).
150. 'SiebenSachen', *konkret*, No. 5 (1991).
151. 'SiebenSachen', *konkret*, No. 7 (1991).
152. 'Zur Seele vom Geschäft' [on Uwe Timm, *Kopfjäger*], *Frankfurter Rundschau*, 5 October 1991.
153. 'Kinderschaukel', *Frankfurter Rundschau*, 6 December 1991.
154. 'SiebenSachen', *konkret*, No. 1 (1992).
155. 'SiebenSachen', *konkret*, No. 3 (1992).
156. 'Von Phädra, Potiphar, Penthesilea und anderen Spielen von Liebe und Krieg, die Mutter nicht mochte', in *Der Liebesangriff. Il dolce Assalto*, *Rowohlts Literaturmagazin*, No. 32 (1993).

157. 'Aus einem fremden Land' *konkret*, No. 9 (1993).
158. 'Irrsal im Mondscheingarten' [on life and works], *Frankfurter Rundschau*, 17 April 1993.
159. 'Verschwinden', *Frankfurter Rundschau*, 5 May 1993.
160. 'Haben und Sein', *Frankfurter Rundschau*, 2 June 1993.
161. 'Arm und Reich. Erinnerungs- und Gegenwartssplitter', *Frankfurter Rundschau*, 3 July 1993.
162. 'Prinz und Erlkönig' [on Martin Walser, *Ohne einander*], *Die Woche*, 5 August 1993.
163. 'Abschlußsaldo. Gianni Celatis Reise durch die Zerstörung der italienischen Landschaft', *Frankfurter Rundschau*, 6 October 1993.
164. 'Aus einem fremden Land' *konkret*, No. 3 (1994).
165. 'Aus einem fremden Land' *konkret*, No. 7 (1994).
166. 'Austerity-Poesie. Über das Gerede vom "neuen großen Roman"', *Die Woche*, 27 January 1994.
167. 'Heimat, schöne Fremde. Ein Mosaik der Erinnerungen', *Frankfurter Rundschau*, 2 April 1994.
168. 'Der Externe' [on Rolf Dieter Brinkmann], *Frankfurter Rundschau*, 21 May 1994.
169. 'Woher auf einmal diese Kälte?' [on Matthias Altenburg, *Die Toten von Laroque*], *Süddeutsche Zeitung*, 5 October 1994.
170. 'Vom Agitprop zum Selberdichten', *Literatur konkret* (1995). [Written 1983.]
171. 'Volk der Dichter. Nicht ganz bei Trost' [on the German PEN Club], *Deutsches Sonntagsblatt*, 19 May 1995.
172. 'Schluß mit dem Theater!', *konkret*, No. 5 (1996).
173. 'Verhüter der Sprache', *konkret*, No. 6 (1996).
174. 'Menschenrechte für die Menschenaffen' [on the philosopher Peter Singer], *Süddeutsche Zeitung*, 13–14 April 1996.
175. 'Aller Anfang ist schwer. Romananfänge von Heliodor bis zu mir', *Sprache im technischen Zeitalter*, June 1996.
176. 'Wie ein Indianer auf Zeitreise', *Frankfurter Rundschau*, 7 September 1996.
177. 'Üppig, vielstimmig und artenreich' [on the poet Paulus Böhmer], *Süddeutsche Zeitung*, 21–2 September 1996.
178. 'Große Untröstlichkeit' [on Hans Christoph Buch, *Traum vom frühen Morgen*], *Frankfurter Rundschau*, 2 October 1996.
179. 'Londoner Kasperltheater' [on Louis Ferdinand Céline, *Guignols Band II*], *Frankfurter Rundschau*, 1 February 1997.
180. 'Wie von Sinnen bei Sinnen' [on Matthias Altenburg, *Landschaft mit Wölfen*], *Frankfurter Rundschau*, 13 September 1997.
181. 'Schlußbilanz oder: Die Austreibung der Vernunft aus dem geistigen Leben', *konkret*, No. 7 (1998).
182. 'Doppler Spiel' [on Helmut Karasek's '*Spiegel*-Roman' *Das Magazin*], 20 August 1998.

183. 'Wegesystme durch die deutsche Geschichte' [on the novellist Dieter Forte], *Frankfurter Rundschau*, 31 October 1998.
184. 'Ihr Hobby war die Südsee' [review of Gabriele Hoffmann, *Das Haus an der Elbchaussee*], *Hamburger Morgenpost*, 5 December 1998.
185. 'Die Jahre, die ihr so nicht kennt' [on Peter O. Chotjewitz, *Das Wespennest*], *Süddeutsche Zeitung*, 29–30 May 1999.
186. 'Flutende Verse, Biomasse mit sich führend' [on Paulus Böhmer], *Süddeutsche Zeitung*, 31 October–1 November 1999.

1.f Radio broadcasts
1. 'Imagination und Drogen', *Sender Freies Berlin*, 25 March 1965.
2. 'Am Wald wohnen, bis kein Wald mehr da ist. Beobachtungen im Rhein-Main-Becken', *Sender Freies Berlin*, 14 October 1976.
3. 'Über *Kontext 1*' [on Uwe Timm's *Kontext 1. Literatur und Wirklichkeit*], *Sender Freies Berlin*, 1. Programm, 6 November 1976.
4. 'Katatonie und Geselligkeit. Eine General-Abrechnung', *Deutschlandfunk*, 13 February 1996. [Also given as a lecture at the Universität Hamburg, January 1996.]
5. 'Bücherlese: Ein Magazin für Leserinnen und Leser', with Detlef Grumbach, *Saarländischer Rundfunk*, 4 April 1998.

1.g Interviews
1. Anonymous, 'Gespräch mit Hans Christoph Buch, Nicolas Born und Hermann Peter Piwitt', *Deutsche Bücher*, No. 1 (1976), 1–14.
2. ———, 'Heimat ist ein besetztes Land', *konkret*, No. 9 (1981).
3. Hüfner, Agnes and Maiwald, Peter, 'Ich habe in der Oberalster schwimmen gelernt: Gespräch über *Deutschland. Versuch einer Heimkehr*', *Deutsche Volkszeitung*, 19 August 1982. [Reprinted in *KH*, 210–17.]
4. Anonymous, 'Und vor allem: lernt, lernt, lernt. Gespräch mit Hermann Peter Piwitt', *frontal*, No. 1 (1984). [Reprinted in abridged form in *Deutsche Volkszeitung/die tat*, 27 September 1984.]
5. Altenburg, Matthias, 'Bei allem Gerede um den Tod der Literatur – eins wird nicht aussterben: Das Erzählen und der Spaß daran', in Matthias Altenburg (ed.), *Fremde Mütter, fremde Väter, fremdes Land* (Hamburg, Konkret Literatur, 1985), 97–113.
6. ———, 'Lange auf der Wut gekaut. Kindheit und Jugend eines fünfzigjährigen deutschen Autors', *Frankfurter Rundschau*, 2 February 1985.
7. Garbrecht, Annette, 'Piwitt geht wieder in die Wälder', *taz Hamburg*, 20 November 1987.
8. Rosinski, Stefan, 'Spielmaterial für ein Endspiel: Gespräch mit Hermann Peter Piwitt', *konkret*, No. 4 (1993).
9. Bürger, Jan, 'Als Dichter habe ich mich überraschen zu lassen. Ein Gespräch mit Hermann Peter Piwitt', *Freitag*, 23 October 1998.

10. ——, 'Einmischung. Der Hamburger Schriftsteller und Publizist Hermann Peter Piwitt. Ein Gespräch über Dichtung und Ignoranz', *taz Hamburg*, 9 July 1999.

1.h Translations by Piwitt

1. *Der rote Hahn fliegt himmelwärts*, by Miodrag Bulatovic (Munich, Hanser, 1960) [translated from Serbo-Croat with Miodrag Vukic].
2. *Die Liebenden*, by Miodrag Bulatovic (Munich, Deutscher Taschenbuch Verlag, 1962) [translated from Serbo-Croat with Miodrag Vukic].
3. *Der Schwarze*, by Miodrag Bulatovic (Munich, Hanser, 1963) [translated from Serbo-Croat with Miodrag Vukic].

2. Secondary Literature

2.a General studies

1. Anonymous, 'Von der Mühsal, ein Literat mit gutem Herzen zu sein', *Die Welt*, 31 May 1995.
2. ——, 'Hermann Peter Piwitt: deutscher Schriftsteller und Publizist', *Munzinger-Archiv/Internat. Biograph. Archiv*, 15/94.
3. Adelson, Leslie, 'Subjectivity reconsidered: Botho Strauss and contemporary West German prose', *New German Critique*, No. 30 (1983), 3–59 [23–6].
4. Bernhard, Hans Joachim, Müller, Eva Maria, Pezold, Klaus and Reinhold, Ursula, *Geschichte der Deutschen Literatur von den Anfängen bis zur Gegenwart*, vol. 12, *Literatur der BRD* (Berlin, Volk und Wissen, 1983).
5. Briegleb, Klaus, *1968: Literatur in der antiautoritären Bewegung* (Frankfurt am Main, Suhrkamp, 1993).
6. —— and Weigel, Sigrid (eds.), *Hansers Sozialgeschichte der deutschen Literatur vom 16. Jahrhundert bis zur Gegenwart*, vol. 12, *Gegenwartsliteratur seit 1968* (Munich, Hanser/Deutscher Taschenbuch Verlag, 1992).
7. Broos, Susanne, 'Immer wieder Fragen an die Form', *Frankfurter Rundschau*, 21 November 1996.
8. Bullivant, Keith, *Realism Today: Aspects of the Contemporary West German Novel* (Leamington Spa, Hamburg and New York, Berg, 1987).
9. —— (ed.), *After the 'Death of Literature': German Writing of the 1970s* (Oxford, Berg, 1989).
10. ——, *The Future of German Literature* (Oxford, Berg, 1994).
11. Burns, Rob and van der Will, Wilfried, *Protest and Democracy in West Germany: Extra-Parliamentary Opposition and the Democratic Agenda* (London, Macmillan Press, 1988).

12. Cornils, Ingo, 'Romantic relapse? The literary representation of the German Student Movement', in *CUTG Proceedings 1999* (Bern, Lang, 2000).
13. Diner, Dan, 'The national question in the Peace Movement – origins and tendencies', *New German Critique*, No. 28 (1983), 86–107 [102–3].
14. Evans, P. V., 'West German satirical texts and the debate on national identity', doctoral thesis, University of Wales Swansea, 1995 (A8r, 46–339).
15. Glaser, Hermann, *Kulturgeschichte der Bundesrepublik Deutschland*, vol. 2, *Zwischen Grundgesetz und Großer Koalition 1949–1967* (Munich and Vienna, Carl Hanser, 1986).
16. Götze, Karl-Heinz, 'Gedächtnis. Romane über die Studentenbewegung', *Das Argument. Zeitschrift für Philosophie und Sozialwissenschaften*, No. 23 (1981), 367–82.
17. Heller, Heinz B., 'Literatur als Institution in der Bundesrepublik', in Thomas Koebner (ed.), *Tendenzen der deutschen Gegenwartsliteratur* (Stuttgart, Alfred Kröner, 1985), 446–99.
18. Henscheid, Eckhard, *Sudelblätter* (Zurich, Haffmans, 1987).
19. ——, Henschel, Gerhard and Kronauer, Brigitte, *Kulturgeschichte der Missverständnisse: Studien zum Geistesleben* (Stuttgart, Philipp Reclam jun., 1997).
20. Hinton Thomas, R. and van der Will, Wilfried, *The German Novel and the Affluent Society* (Manchester, Manchester University Press, 1968).
21. Hosfeld, Rolf and Peitsch, Helmut, '"Weil uns diese Aktionen innerlich verändern, sind sie politisch": Bemerkungen zu vier Romanen über die Studentenbewegung', *Basis. Jahrbuch für deutsche Gegenwartsliteratur*, No. 8 (1978), 92–126.
22. Lattmann, Dieter (ed.), *Kindlers Literaturgeschichte der Gegenwart. Autoren, Werken, Themen und Tendenzen seit 1945: Die Literatur der Bundesrepublik Deutschland*, 2nd edition (Zurich and Munich, Kindler, 1973).
23. Lenz, Reimar, 'Was ist mit unseren Schriftstellern los?' Part 1, *Pardon*, No. 8 (1974), 16–22.
24. ——, 'Was ist mit unseren Schriftstellern los?' Part 2, *Pardon*, No. 9 (1974), 20–4.
25. Martens, Peter, '"Die Linke braucht neuen Heimatbegriff". Baut auf Zeit: Hermann Peter Piwitt', *Welt der Arbeit*, 22 October 1981.
26. Meier-Grolman, B., 'Was tun, wenn der Stoff ausgeht? Hermann Peter Piwitt über den freien Schriftstellerberuf', *Südwest-Presse*, 15 June 1979.
27. Nolte, Jost, 'Weder Geisteshelden noch Wanzen: Schriftsteller', *Zeitmagazin*, No.39, 29 September 1972, 20–2.
28. Ott, Ulrich and Pfäfflin, Friedrich (eds.), *Protest! Literatur um 1968. Katalog für Austellung des Deutschen Literaturarchivs in Verbindung mit dem Germanistischen Seminar der Universität Heidelberg und dem Deutschen Rundfunkarchiv im Schiller-Nationalmuseum Marbach am Neckar*

(Marbach, Deutsche Schillergesellschaft Tübingen, Wilhelm Gulde, 1998).
29. Plowman, Andrew, *The Radical Subject: Social Change and the Self in Recent German Autobiography* (Bern, Lang, 1998).
30. Reinhardt, Stephan, 'Hermann Peter Piwitt', in Heinz Ludwig Arnold (ed.), *Kritisches Lexikon zur deutschsprachigen Gegenwartsliteratur (KLG)*, (Munich, edition text + kritik, 29. Nlg.).
31. Schnell, Ralf, *Die Literatur der Bundesrepublik: Autoren, Geschichte, Literaturbetrieb* (Stuttgart, J. B. Metzler, 1986).
32. ——, *Geschichte der deutschsprachigen Literatur seit 1945* (Stuttgart, J. B. Metzler, 1993).
33. Schwenger, Hannes, 'Als Adornos Diskurse langsam verblaßten', *Die Welt*, 16 January 1999.
34. Schwenk, Hartmut, 'Das Rudel mit den rosa Büchern. Born, Buch und Piwitt lesen im Stuttgarter Buchladen Niedlich', *Stuttgarter Zeitung*, 9 June 1973.
35. Soldat, Hans-Georg, 'Vergangenheit. Lesung Hermann Peter Piwitt in Siegmunds Hof', *Tagesspiegel*, 7 July 1965.
36. Tuschick, Jamal, 'Ein Rest Herbstsonne', *Frankfurter Rundschau*, 30 March 1998.
37. Vogt, Jochen, *'Erinnerungen ist unsere Aufgabe': Über Literatur, Moral und Politik 1945–1990* (Opladen, Westdeutscher, 1991).
38. Weiss, Peter, *Notizbücher 1960–1971* (Frankfurt am Main, Suhrkamp, 1982), 601ff.

2.b Individual Texts

On *Herdenreiche Landschaften*
1. Anonymous, 'Herdenreiche Landschaften', *konkret*, No. 4 (1965).
2. Bisinger, Gerald, 'Hermann Peter Piwitt: *Herdenreiche Landschaften*', *Neue Deutsche Hefte*, No. 107 (1965), 151–3.
3. Buch, Hans Christoph, 'Die Schafe von Onkel Rasha', *Spandauer Volksblatt*, 18 April 1965.
4. Doerdelmann, Bernhard, 'Herdenreiche Landschaften', *Bücherkommentare*, No. 14 (1965).
5. Fuchs, Gerd, 'Nachtigall oder Mischmachine? Selbstentfremdung wörtlich genommen – Die ersten Texte des Hermann Peter Piwitts', *Die Welt der Literatur*, No. 8 (1965).
6. Maier, Wolfgang, 'Landschaft des Gedächtnisses. Auf der Suche nach neuen Wirklichkeiten', *Tagespiegel*, 25 April 1965.
7. Meyer, Heinz, 'Suche nach der verlorenen Kindheit', *Die Post*, 20 June 1965.
8. Michaelis, Rolf, 'Chemie des Bewußtseins', *Frankfurter Allgemeine Zeitung*, 30 March 1965.

9. Scholle, Klaus, 'Schuldgefühle. Lebende und Tote bei Hermann Peter Piwitt', *Christ und Welt*, 2 July 1965.
10. Urs, Jenny, 'Harte Brocken', *Süddeutsche Zeitung*, 22–3 April 1965.
11. Werth, Wolfgang, 'Reden ins Leere', *Die Zeit*, 18 June 1965.

On *Das Bein des Bergmanns Wu*
12. Völker, Klaus, 'Parteinahme. Aufsätze zur Literatur von H. P. Piwitt', *Frankfurter Allgemeine Zeitung*, 22 January 1972.

On *Rothschilds*
13. Baier, Lothar, 'Ohne sinnliche Wahrnehmung: Hermann Peter Piwitts Roman einer Vergangenheit', *Frankfurter Allgemeine Zeitung*, 26 September 1972.
14. Baumgart, Reinhard, 'Eingefrorene Erfahrung', *Süddeutsche Zeitung*, 14 October 1972.
15. ——, 'Tiefgekühlte Einsichten', *Nürnberger Nachrichten*, 6 December 1972.
16. ——, 'Verschlampte Liebe unter jungen Leuten. *Rothschilds*: Trostlose Collage aus den 50er Jahren', *Kölner Stadt-Anzeiger*, 24 February 1973.
17. Buch, Hans Christoph, 'Die Zeit von Baby Doll', *Der Spiegel*, 8 January 1973.
18. Grumbach, Detlef and Piwitt, Hermann Peter, 'Bücherlese: Ein Magazin für Leserinnen und Leser', *Saarländischer Rundfunk*, 4 April 1998.
19. ——, 'Weinend gelacht', *Deutsches Allgemeines Sonntagsblatt*, 19 June 1998.
20. Kramberg, Karl Heinz, 'Rotts verlorene Zeit', *Die Zeit*, 13 October 1972.
21. Müller, Roland, 'Vom Auflehner zum Resignierten: Hermann Peter Piwitt mit zwei Schlüsselromanen', *Neues Deutschland*, 11 June 1999.
22. Nolte, Jost, 'Weder Geisteshelden noch Wanzen: Schriftsteller', *Zeitmagazin*, No. 39, 29 September 1972, 20–2.
23. Postmann, Heiko, 'Die Zeit der wippenden Petticoats', *Hannoversche Allgemeine Zeitung*, 25 November 1972.
24. Schulte, Michael, 'Die verschaukelte Generation', *Frankfurter Rundschau*, 14 October 1972.
25. Schwenk, Hartmut, 'Jargon der Uneigentlichkeit. Ein Roman über individuelles Schicksal und Banken', *Stuttgarter Zeitung*, 5 January 1973.
26. Uwe Timm, 'Die Rotts und die Rothschilds. Von einem, der glaubte, ohne zu arbeiten, gut leben zu können', *Deutsche Volkszeitung*, 30 November 1972.
27. Werth, Wolfgang, 'Die fetten Jahre', *Deutsche Zeitung*, 24 November 1972.

On *Literaturmagazin 5*
28. Schmieding, Walther, 'Literarische Szene 76. TEE "Benn" wieder im Plan', *Deutsches Allgemeines Sonntagsblatt*, 12 September 1976.
29. Zeller, Michael, '"Feigenkakteen, Kugelkakteen, Säulenkakteen". Das Literaturmagazin 5: Der Fortschritt auf dem Prüfstand', *Frankfurter Allgemeine Zeitung*, 24 July 1976.

On *Boccherini und andere Bürgerpflichten*
30. Anonymous, 'Linke Geschichten. Heimatlos', *Vorwärts*, 22 April 1976.
31. Reinhardt, Stephan, 'Gedanken erzählen', *Frankfurter Rundschau*, 14 August 1976.
32. Schmidt, Jochen, 'Das muß ja fast weh tun', *Frankfurter Allgemeine Zeitung*, 21 August 1976.
33. Süss, Sigrid, 'Herr seiner Sinne', *Rheinische Post*, 15 January 1977.

On *Die Gärten im März*
34. Bullivant, Keith, *Realism Today: Aspects of the Contemporary West German Novel* (Leamington Spa, Hamburg and New York, Berg, 1987), 204–7.
35. ——, 'The spectre of the Third Reich: The West German novel of the 1970s and National Socialism', in Keith Bullivant (ed.), *After the 'Death of Literature': German Writing of the 1970s* (Oxford, Berg, 1989), 139–54.
36. Cöster, Oskar, 'Mitten im Frost aufs Frühjahr warten', *Deutsches Allgemeines Sonntagsblatt*, 3 June 1979.
37. Götze, Karl Heinz, 'Sichtotatellen', *Deutsche Volkszeitung*, 12 April 1979.
38. Gremliza, Hermann L., 'Ponto und Zange', *konkret*, No. 4 (1979).
39. Hohlwein, Jürgen, 'Ein Brennen unter der Schädeldecke', *Stuttgarter Nachrichten*, 14 April 1979.
40. Kersten, Paul, 'Alles für die Katze: Hermann Peter Piwitts *Die Gärten im März*', *Stern*, 16 August 1979.
41. Köhler, Otto, 'Hanseaten zum Erraten', *Playboy*, No. 5 (1979).
42. Kramberg, Karl Heinz, 'Gebrannte Söhne', *Süddeutsche Zeitung*, 23–4 May 1979.
43. Lamberechts, Luc, '*Die Gärten im März*', *Deutsche Bücher*, 1 (1981), 35–7.
44. Lüdke, W. Martin, 'Bilder aus der deutschen Nachkriegszeit. Ausgeflippt: Hermann Peter Piwitts Roman *Die Gärten im März*', *Die Zeit*, 16 November 1979.
45. Meier-Grolman, B., 'Was tun, wenn der Stoff ausgeht? Hermann Peter Piwitt über den freien Schriftstellerberuf', *Südwest-Presse*, 15 June 1979.
46. Quack, Josef, 'Ein Linker in der Laubenwohnung', *Frankfurter Allgemeine Zeitung*, 17 September 1979.
47. Reinhardt, Stephan, 'Tauwind in Eimsbüttel', *Der Spiegel*, 11 June 1979.
48. Schütte, Wolfram, 'Ancora una volta oder: Blättern in Momentaufnahmen: Hermann Peter Piwitts Roman *Die Gärten im März*', *Frankfurter Rundschau*, 14–15 April 1979.

49. Stretch, Heiko, 'Ein Roman der prüfenden tastenden Wahr-Nehmung', *Tagesanzeiger Zürich*, 11 August 1979.
50. Wallmann, Jürgen P., 'Pläydoyer für den Außenseiter', *Tagesspiegel*, 28 October 1979.
51. ——, 'Ein untypischer Außenseiter?', *die horen*, No. 120 (1980), 199–200.

On *Deutschland. Versuch einer Heimkehr*

52. Anonymous, 'Ende 40 über sich schreibend', *Saarbrücker Zeitung*, 10 December 1981.
53. ——, 'Versuch einer Heimkehr. Hermann Peter Piwitts Lesebuch *Deutschland*', *Kölner Stadt-Anzeiger*, 9 September 1982.
54. ——, [review], *Vorwärts*, 16 September 1982.
55. Baier, Lothar, 'Heimwege, Holzwege', *Lesezeichen*, Herbstheft (1981), 22–3.
56. Bielefeld, Claus-Ulrich, 'Mit Meinungstempeln zugedeckt', *Der Tagesspiegel*, 14 February 1982.
57. Evans, P. V. 'West German satirical texts and the debate on national identity', doctoral thesis, University of Wales Swansea, 1995 (A8r, 46–339), 39-52.
58. Götze, Karl Heinz, 'Bedachtsame Heimkehr. Autobiographische Deutschland-Collage von H. P. Piwitt', *Deutsche Volkszeitung*, 15 October 1981.
59. Henscheid, Eckhard, *Sudelblätter* (Zurich, Haffmans, 1987).
60. Hüfner, Agnes and Maiwald, Peter, 'Ich habe in der Oberalster schwimmen gelernt: Gespräch über *Deutschland. Versuch einer Heimkehr*', *Deutsche Volkszeitung*, 19 August 1982.
61. Irro, Werner, '*Versuch einer Heimkehr.* Texte von H. P. Piwitt zu *Deutschland*', *Frankfurter Rundschau*, 31 October 1981.
62. Jost, Dominik, 'Deutschlandschelte, Deutschlandheimweh', *Neue Zürcher Zeitung*, 25 November 1981.
63. Linsel, Klaus, 'Wie Heimat zum Alptraum wird: Ein neuer Ansatz zur Kritik bundesdeutscher Zustände', *die tat*, 11 December 1981.
64. Quack, Josef, 'Deutschland – ein Kindertraum?', *Frankfurter Allgemeine Zeitung*, 11 December 1981.
65. Reinhardt, Stephan, 'Heimat, das ist ein Zustand der Seele', *konkret*, No. 11 (1981).
66. Rieger, Manfred, 'Marktgerechtes Sammelsurium', *Westdeutscher Allgemeine Zeitung*, 5 July 1982.
67. ——, 'Versuch einer Heimkehr', *Kölner Stadt-Anzeiger*, 9 September 1982.
68. Schneider, Michael, 'Kennst Du das Land, wo die Rabatte blühen?', *linkskurve*, No. 4 (1982), 36–8.

69. Schoeller, Wilfried F., 'Ein Geometer unserer Verluste: Hermann Peter Piwitts Buch über Deutschland (West)', *Süddeutsche Zeitung*, 14 October 1981.
70. Walberg, Ernst J., 'Überlebensfassaden – zerbröckelnd. Piwitts Annäherungen an Deutschland-West', *General-Anzeiger*, 17 December 1981.
71. ——,'Deutschland – West, hin- und zugerichtet: Hermann Peter Piwitt auf der Suche nach den Landschaften und Seelenlandschaften von einst und heute', *Badische Zeitung*, 15–16 May 1982.

On *Die Umseglung von Kap Hoorn*
72. Altenburg, Matthias, 'Der Gedanke in seiner schönsten Form. Hermann Peter Piwitts Einmischungen aus zehn Jahren', *Deutsche Volkszeitung/die tat*, 2 August 1985.
73. Klier, Walter, 'Keine Aussicht auf Abkürzung', *konkret*, No. 8 (1985).
74. Reinhardt, Stephan, 'Sorgende Neugier auf Menschen', *Süddeutsche Zeitung*, 22 May 1985.
75. Schwartz, Wolf, 'Kap der verlorenen Hoffnung', *Marabo*, No. 6 (1985), 58.

On *Der Granatapfel*
76. Altenburg, Matthias, 'Vom Genossen zum Genießer', *Deutsche Volkszeitung/die tat*, 3 October 1986.
77. Busch, Frank, 'Sorry, keine Möge', *Die Zeit*, 7 November 1986.
78. Chiusano, Italo A., 'König Midas aus den Abruzzen', *Literatur konkret* (1986–7).
79. Chotjewitz, Peter O., 'Der Traum eines Lüstlings im reifen Alter', *konkret*, No. 9 (1986).
80. Corino, Karl, 'Der Mann, der Mussolini vor Hitler warnte', *Stuttgarter Zeitung*, 4 October 1986.
81. Gazetti, Maria, 'Granatäpfel und Pantoffeln', *Die Tageszeitung*, 14 October 1986.
82. Hansmann, Fritz, 'Beichte eines selbstgemachten Helden', *Göttinger Tageblatt*, 6 September 1986.
83. Henscheid, Eckhard, '*Der Granatapfel*', *Der Rabe*, No. 15 (1986), 196.
84. Krützfeld, Lutz, 'Offen gesagt, es ist alles gelogen', *Nürnberger Zeitung*, 8–9 November 1986. [Reprinted in *Nürnberger Nachrichten*, 19–20 November 1986.]
85. Ley, Klaus, 'D'Annunzio, der Schelm: Zur Deutung des Dichters in der neueren deutschen Literatur', *Germanisch-Romanische-Monatsschrift*, 40 No. 3 (1990), 324–49 [335–45].
86. Reinhardt, Stephan, 'Gewissen? Was ist das? Eine deutsche Erfindung. Hermann Peter Piwitts Spiel mit d'Annunzio', *Süddeutsche Zeitung*, 1 October 1986.

Bibliography

87. Tantow, Lutz, 'Mut zum Mythos', *Rheinische Merkur/Christ und Welt*, 13 February 1987.
88. Theobaldy, Jürgen, 'Ein Popanz bekennt', *Frankfurter Rundschau*, 15 November 1986.
89. Weber, Karin, 'Lieber ruiniert als nichts riskiert', *Stern*, No. 5 (1987).
90. Weiss, Christina, '*Der Granatapfel*', *Deutschlandfunk*, 10 March 1987.
91. Wilms, Johannes, 'Alles gelogen', *Basler Zeitung*, 21 November 1986.

On *Die Passionsfrucht*

92. Anonymous, 'Quijote in den Ruinen der Mühle', *Handelsblatt*, 24–5 September 1993.
93. Dormagen, Christel, 'Mahlers Malaise: Eine irritierende Zeitreise der Liebe von Hermann Peter Piwitt', *Die Woche*, 22 July 1993.
94. Grumbach, Detlef, 'Sprache als Stolperstein. Hermann Peter Piwitts *Die Passionsfrucht*', *Hannoversche Allgemeine Zeitung*, 19 June 1993.
95. Modick, Klaus, 'Das Licht, der Duft, der Augenblick. Ein oberitalienischer See ist der "Held" in Hermann Peter Piwitts neuem Roman *Die Passionsfrucht*', *Süddeutsche Zeitung*, 16 May 1993.
96. Reinhardt, Stephan, 'Hermann Peter Piwitt: *Die Passionsfrucht*', *Sender Freies Berlin*, 16 August 1993.
97. Rosinski, Stefan, 'Spielmaterial für ein Endspiel: Gespräch mit Hermann Peter Piwitt', *konkret*, No. 4 (1993).
98. Staudacher, Cornelia, 'Ruine eines Romans', *Der Tagesspiegel*, 18 July 1993.
99. Stempel, Hans, 'Apokalypse mit Goldrand', *Frankfurter Rundschau*, 17 July 1993.
100. Walther, Klaus, 'Das Unbehagen des Erzählers beim Erzählen', *Neue deutsche Literatur*, No. 10 (1993), 144–6.

On *Ein unversöhnlich sanftes Ende*

101. Altenburg, Matthias, 'Trauer und Schönheit. Ein Bilderbuch in Worten von Hermann Peter Piwitt', *Die Zeit*, 26 March 1998.
102. Baureithel, Ulrike, 'Jenseits der Empörung. Flüchtige Orte, Figuren, die kommen und gehen: Hermann Peter Piwitts *Ein unversöhnlich sanftes Ende* versöhnt am Ende dann doch', *Die Tageszeitung*, No. 5505, 1998.
103. Bürger, Jan, 'Details im Wahnsystem. Der neue Roman von Hermann Peter Piwitt: *Ein unversöhnlich sanftes Ende*', *taz Hamburg*, 9 July 1998.
104. Busse, Daniel, 'Roman? Endzeitstimmung', *Colibri*, September 1998.
105. Grumbach, Detlef and Piwitt, Hermann Peter, 'Bücherlese: Ein Magazin für Leserinnen und Leser', *Saarländischer Rundfunk*, 4 April 1998.
106. Grumbach, Detlef, 'Weinend gelacht', *Deutsches Allgemeines Sonntagsblatt*, 19 June 1998.

107. Kämmerlings, Richard, 'Unter falscher Flagge: Hermann Peter Piwitts sogenannter Roman', *Neue Zürcher Zeitung International*, 6 May 1998.
108. Krumbholz, Martin, 'Todtraurig komisch. Endzeitstimmung an der Alster: Hermann Peter Piwitt und sein neuer Roman *Ein unversöhnlich sanftes Ende*', *Die Woche*, 29 May 1998.
109. Liersch, Werner, 'Perspektiven in handfester Landschaft', *Freitag*, 23 October 1998.
110. Müller, Burkhard, 'Sittenstroch im Mütterzirkel. Mit Hut: Hermann Peter Piwitt schreibt ein Buch der Erschöpfung', *Frankfurter Allgemeiner Zeitung*, 18 August 1998.
111. Müller, Roland, 'Vom Auflehner zum Resignierten: Hermann Peter Piwitt mit zwei Schlüsselromanen', *Neues Deutschland*, 11 June 1999.
112. Pfohlmann, Olivier, 'Von den Ritualen pubertierender Freibadbesucher: Hermann Peter Piwitts *Ein unversöhnlich sanftes Ende*', *literaturkritik.de*, No. 1 (1999), http://www.literaturkritik.de/text/ 1999-01-11.html
113. Raus, Michael, 'Roma aus lauter Romanen', *Luxemburger Journal* (1998).
114. Reinhardt, Stephan, 'Triste Blicke in eine zerrissene Welt. Hermann Peter Piwitts Roman zur Jahrtausendwende: *Ein unversöhnlich sanftes Ende* – Ein Leben ohne Arbeit', *Nürnberger Nachrichten*, 28 February 1998.
115. Schmitt, Hans Jürgen, '*Ein unversöhnlich sanftes Ende*', *Deutschalndfunk/Deutschlandradio*, 23 April 1998.
116. Schwenger, Hannes 'Engerling im Kapitalfluß. Hermann Peter Piwitts neuester Roman wider den Zeitgeist', *Der Tagesspiegel*, 31 May–1 June 1998.
117. Spinnler, Rolf, 'Verspielte Rhapsodie', *Stuttgarter Zeitung*, 17 November 1998.
118. Staudacher, Cornelia, 'Reisen in den alltäglichen Wahnsinn', *Stuttgarter Zeitung*, 20 August 1998.
119. Tuschik, Jamal, 'Herbstsonne', *Junge Welt*, 2 May 1998.
120. Vormweg, Heinrich, 'Nichts Neues unter der Sonne. Hermann Peter Piwitt entwirft ein aktuelles Endzeit-Kaleidoskop', *Literatur: Beilage der Süddeutschen Zeitung*, 25 March 1998.
121. Wallmann, Hermann, 'Bar alle Hoffnungen', *Frankfurter Rundschau*, 1 August 1998.

Index

Adams, Douglas
  The Hitchhiker's Guide to the Galaxy 5–6
Adenauer, Konrad 26, 32, 55
Adorno, Theodor W. 4, 7, 10–11, 26–7, 36
'Als die Weißen kamen, begann für uns der "Wilde Westen"' 79
Auf der Balustrade – schwebend 9
Augstein, Rudolf 28
Außerparlamentarische Opposition 8, 30
AutorenEdition 9

Beckett, Samuel 11, 30
'Bei Durchsicht meiner UZ's' 34, 35
Benn, Gottfried 2
Berlin Wall 12, 13
Bichsel, Peter 12
Bildungsroman 15, 55
Blair, Tony 92
Blessing, Karl 32
Boccherini und andere Bürgerpflichten ix, 8–9, 14, 34, 35–6, 65–8
Böll, Heinrich vii, 11
Born, Nicolas 5, 6, 8, 11–12, 28, 30, 63, 70, 71, 72–5
  'Bergschäden' 73
  Das Auge des Entdeckers 73, 74, 79
  'Der Kampf mit den Bullen' 73
  'Eine Liebe' 73
  'Tag in Osternnähe' 79
  'Zuhausegedicht' 73–4
Botticelli, Sandro 40
Brando, Marlon 3
Brandt, Willy 30
Brecht, Bertolt 2, 11, 43, 88

Brinkmann, Rolf Dieter 66, 70
Buch, Hans Christoph 8, 12, 30, 51, 63, 69, 94
Bulatovic, Miodrag 7–8
Bußmann, Aline
  Sterne überm Meer. Tagebuchblätter und Gedichte von Gorch Fock 75
Butler, Samuel
  Erewhon 93

Camus, Albert
  La Peste 26
CDU 30, 62
CSU 30
Céline, Louis Ferdinand 2

d'Annunzio, Gabriele 2, 9, 18, 19, 21, 37–8, 40
Das Bein des Bergmanns Wu 8, 14, 31
Das Gästehaus 8, 28
'Der Anteil der Frauenbewegung an der Zerstörung der Vernunft' 69
Der Granatapfel 2, 9, 17, 19, 37–8, 40
Deutschland. Versuch einer Heimkehr ix, 9, 18, 19–21, 25, 28, 30, 36, 37, 39, 45, 65–79
di Ciaula, Tommaso 70, 71
Die Gärten im März 9, 14, 16–17, 18, 36, 70, 72
'Die Heimkehr' 28, 40
Die Passionsfrucht 9, 17, 40–1, 91
Die Siebente Reise 9
Die Umseglung von Kap Hoorn ix, 9, 27, 35, 65–9
DKP 8, 22, 34, 35
Duwe, Freimut 35

Eich, Günter 28
Eichendorff, Joseph von 41
Ein unversöhnlich sanftes Ende ix, 9, 21–3, 41–4, 80–94
Ensslin, Gudrun 30
Enzensberger, Hans Magnus 63, 94

Fascism 2, 17–18, 19, 31, 39
Fichte, Hubert 12
Flaubert, Gustave 41
Flick, Friedrich 32
Fock, Gorch 21, 72, 75–6
 'Der Krämer' 79
 Seefahrt ist not! 75
Ford Foundation 12
Frank, Niklas 20
Fuchs, Gerd 22

Gazetti, Maria 19
GDR 12–13, 34–5, 42, 48, 72, 82, 87, 89–90, 91–3
Geissler, Christian
 Das Brot mit der Feile 54
Globke, Hans 26
Goethe, Johann Wolfgang von 41
Grass, Günter 8, 12, 13–14, 30, 92
 Die Blechtrommel 11
 Kopfgeburten 73
 Mien Jahrhundert 60
Große Koalition 8, 30
Gruppe 47 60, 80

Habermas, Jürgen 59
Haydn, Joseph 4
Haller, Albrecht von
 Alpen 5
Heidegger, Martin 14
 Sein und Zeit 33
 Wege zur Geistheilung 33
Herdenreiche Landschaften 8, 11, 28–30
Himmler, Hienrich 32

Hitler, Adolf 1, 18, 31, 33, 48, 49, 50, 55
Hofmannstahl, Hugo von
 Brief des Lord Chandos 40
Hölderlin, Friedrich 63
Höllerer, Walter 7, 8, 10, 27–8
Horkheimer, Max 7, 27, 31
Horten, Helmut 32

'Ich habe in der Oberalster schwimmen gelernt' 65
'Ich mag die Amerikaner nicht ...' 68
Italy 3, 13, 17–18, 21, 37–8, 44, 82, 85, 87, 88–9

Johnson, Uwe 12, 77
Jugoslawische Erzähler der Gegenwart 7
Jünger, Ernst
 In Stahlgewittern 24

Kafka, Franz 10
'Katatonie und Gesellligkeit' 34
Kerouac, Jack 2
Kinder, Hermann 61
 Der Schleiftrog 64
Kleist, Ewald von
 'Der Frühling' 5
Kohl, Helmut 62
Kolb, Ingrid 69
Kraushaar, Wolfgang 60
Krupp, Alfred 32, 48
Kuhle Wampe 27

Leppenies, Wolf
 Aufstieg und Fall der Intellektuellen in Europa 39
Lichtenberg, Georg Christoph 29
Literarisches Colloquium 8, 12, 28

Index

Literaturmagazin 5 9, 56, 58, 68
Livius, Titus 6
Ludwig, Otto
  Zwischen Himmel und Erde 27
Lukács, Georg 11

Maier, Wolfgang 27, 30
'Malchus' 8, 28
Marcuse, Herbert 67
Marshall Aid 68
Marx, Karl 14, 30–1, 54
  Das Kapital 14, 30
Marxism 14, 15, 31, 34, 87
Mayer, Hans 28
'Memorandum zur Gründung der DKP' 47
Michel, Klaus 63
Mörike, Eduard
  'Das verlassene Mägdlein' 41
Mussolini, Benito 17

National Socialism 7, 14, 20–1, 24–5, 27, 33, 51, 65, 70, 71, 78, 80
NATO 77–8
Niemann, Norbert 6
Nietzsche, Friedrich 10, 26
NSDAP 7, 24

'Ozeana' 30

Pasolini, Pier Paolo 22
Peace Movement 77

Quandt family 32

Reagan, Ronald 12
Reich-Ranicki, Marcel 47
Reitz, Edgar
  Heimat 78
Richter, Hans Werner 11, 62
Rilke, Rainer Maria 10
Ronan, Frank
  Dixi Chicken 2–3

Rothschilds ix, 8, 14–15, 16, 18, 26, 30, 31–3, 40, 47–64
Rowohlt Verlag 8, 28, 30, 35, 47–8
'Rückblick auf heiße Tage' 56–8, 60, 66
Rühmkorf, Peter 8

Safranski, Rüdiger 5
Sartre, Jean-Paul 14, 68
Schädlich, Hans Joachim 72
Schiller, Friedrich 6, 43, 44
  Briefe über ästhetissche Erziehung 36
Schimmang, Jochen
  Der schöne Vogel Phönix 54
Schneider, Peter vii, 8, 30, 55, 94
  Lenz 54, 60, 64, 69
Schröder, Gerhard 92
SDS 52
Serbia 1, 3
Shakespeare, William
  Timon of Athens 24, 41, 44
Socialism 12, 13, 14, 15, 25, 26, 38, 80, 92
Soviet Union 35
SPD 8, 13–14, 30, 35, 39, 89
Stalin, Josef 1, 39
Stefan, Verena 69
Stendhal 41
Student Movement 47–64, 66, 67, 68, 71, 73, 80
Strauß, Franz-Josef 30
Struck, Karin 69
Süskind, Patrick
  Das Parfum 18
Swift, Jonathan 23, 44, 88, 91

Thomas, Dylan 93
  Under Milkwood 5
Thyssen 32
Timm, Uwe vii, 22, 32, 48, 51–64, 69, 93
  Heißer Sommer ix, 54, 55–64, 67
Trakl, Georg 41

Unification 91–3
United States of America 3, 68
UNO 1

Väter-Literatur 20, 71
Vesper, Bernward 8, 30, 69, 71
 Die Reise 20
Vesper, Will 20
Villa Massimo 8, 37, 63

Wahlkontor deutscher
 Schriftsteller 8, 30

Walser, Martin vii, 20
Weimar Republic 49
'Wer schützt die Natur vor dem
 "Natürlichen"?' 67
World War I 1, 18, 49
World War II 82
Wormbs, Brigitte 70

'Zwei Nachworte zum Vergehen
 von Hören und Sehen . . .'
 68–9